本书得到以下项目资助
宁夏哲学社会科学和文化艺术领军人才培养工程项目
“新时代民族传统文化创造性转化和创新性发展研究”（2018）

区域与田野文库　冯雪红 主编

田野西行

当时只道是寻常

冯雪红 张 欣 等著

中国社会科学出版社

图书在版编目（CIP）数据

田野西行：当时只道是寻常／冯雪红等著．—北京：中国社会科学出版社，2023.3

（区域与田野文库）

ISBN 978－7－5227－1239－0

Ⅰ.①田…　Ⅱ.①冯…　Ⅲ.①民族学—调查研究—中国
Ⅳ.①C955.2

中国国家版本馆 CIP 数据核字（2023）第 022131 号

出 版 人　赵剑英
责任编辑　马　明
责任校对　王佳萌
责任印制　王　超

出　　版　中国社会科学出版社
社　　址　北京鼓楼西大街甲 158 号
邮　　编　100720
网　　址　http://www.csspw.cn
发 行 部　010－84083685
门 市 部　010－84029450
经　　销　新华书店及其他书店

印　　刷　北京明恒达印务有限公司
装　　订　廊坊市广阳区广增装订厂
版　　次　2023 年 3 月第 1 版
印　　次　2023 年 3 月第 1 次印刷

开　　本　710×1000　1/16
印　　张　16.5
字　　数　202 千字
定　　价　88.00 元

凡购买中国社会科学出版社图书，如有质量问题请与本社营销中心联系调换
电话：010－84083683

高原上的牦牛

背水的妇女

途经通天河

玉树路口的经幡

红寺堡生态移民迁出地一隅

走访玛曲定居牧民

青海和日牧民迁出地

与贺兰山下的村民交谈

目 录

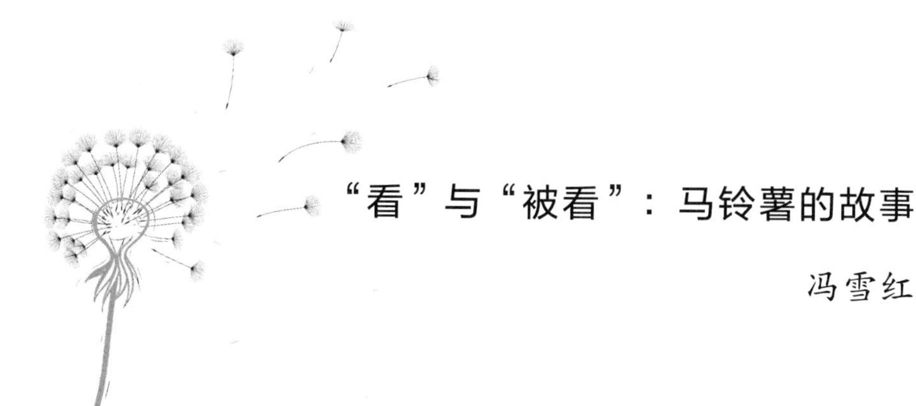

“看”与“被看”：马铃薯的故事

冯雪红

2009年6月，我在兰州大学西北少数民族研究中心毕业时完成了题为《嫁给谁——新疆阿村维吾尔族妇女婚姻民族志》的博士学位论文。在论文送审和参加答辩时，专家们比较中肯的评价之一是“由于田野工作扎实，论文观点有了强有力的支撑”。对此，我深有感触。在西方民族学中，民族学实地调查被统称为人类学田野工作（Anthropological Field Work）。实地调查是获取研究资料的最基本途径，是民族志（Ethnography）及记述民族学（descriptive ethnology）构架的源泉。英国人类学家塞利格曼曾声称：“田野调查工作之于人类学就如殉道者的血之于教堂一样。”对于民族学、人类学同人而言，田野工作的重要性由此可见一斑。

从一个无意识的田野工作者到有意识的田野工作者，从一个没有经验的田野工作者到有一定经验的田野工作者，以及逐步走向成熟的过程，是一个关于“马铃薯”的故事一直牵引着我默默前行。

记得2006年暑假，为完成我主持的工作单位校级课题“女童教

育与西部农村现代化进程”，我和小我两岁的一位女同事前往宁夏回族自治区南部山区[①]固原市原州区、同心县、海原县、西吉县、泾源县进行实地调查，其中西吉县是给我留下深刻回忆和无尽乐趣的地方。途经西吉县城时，醒目的“中国马铃薯之乡”广告牌随处可见，我们在西吉县做调查的地方是距县城20千米左右的一个小山村——庙台村，村子坐落在半山腰开辟出的一块平地上，在那里，我们碰到了一位50岁出头的中年男子，他家院落门外有一个土质不太平整却挺干净的宽阔场地，场地外围是近一米高的土坯墙，站在土坯墙边，朝外往下看是山谷，往远处看是连绵起伏的山脉，农田则散落山间。因为没有坐的地方，我们只好半蹲着，和这位村民攀谈起来。当问及“你家的收入来源主要靠什么”时，他用当地口音亲切地说：“农闲时在城里打工，主要是卖苦力，另外，靠种马铃薯。”我的同事紧接着问道：“马铃薯是什么？”我本能地解释说：“马铃薯就是土豆。”就是这“宝贝的马铃薯”给在田野中疲于行走的我们带来了无尽的欢乐，听完我的答复，在场的人全都乐开了怀。那位胡子拉碴、满身透着乡土气息又不乏文化味的“马铃薯先生”沉稳而又风趣地说：“我想你们是读书人，给你们说了个马铃薯，没想到你们倒还听不懂。”听了这番话，我们似乎一个比一个更抑制不住那失禁的笑，那位村民也开怀地笑了起来。我的那位同事立马解释说：“我还以为马铃薯（树）是山里长的一种树，我一边问一边还往山下看呢。”

这个关于“马铃薯”的故事给我们带来乐趣之余，也引发了我很多的思考。实际上，通常情况下，宁夏川区的村民把马铃薯叫山

---

① 宁夏南部山区包括固原市原州区、隆德县、泾源县、彭阳县、西吉县四县一区，中卫市海原县，吴忠市同心县、盐池县，共8县区。

芋，宁夏山区的村民把马铃薯叫洋芋，宁夏城区的居民把马铃薯叫土豆。显然，因为我们的到来，那位村民一改他们生活环境里熟悉的知识体系，把他们地方话语中惯用的“洋芋”说成了书面语“马铃薯”，他所谓的“读书人”一时竟然没反应过来。当时，我还没有进行过严格的文化人类学方法论的训练，无法很好地解释为什么会出现这种现象。因此，最初的时候，我把这个“马铃薯的故事”调侃为“乡村与城市的文明对话”。但有一点可以肯定的是，我那时就想，我们在询问调查对象的时候他们到底在想什么，他们会怎样表达他们的信息。

2006 年 9 月，我开始攻读民族学博士学位后掌握了越来越多的专业知识，了解到女性人类学在妇女研究中十分注意运用定性分析方法。主位（Emic）研究与客位（Etic）研究相结合、个案研究等人类学的一些方法都被借鉴进来。主位研究强调研究者不凭自己的主观认识，尽可能从当地人的视角去理解文化，要求研究者对研究对象有深入的了解，熟悉他们的知识体系、分类系统，明了他们的概念、话语及意义。客位研究倡导研究者以文化外来观察者的角度来理解文化，以科学家的标准对其行为的原因和结果进行解释。对专业知识的消化、吸收和应用，让我时常回想起“马铃薯的故事”。我逐步认识到，在做田野调查时，存在一个“看”与“被看”的问题，也即我们在看调查对象的时候，他们也在看我们，以至于有时候他们告诉我们的并非最真实的信息，而是下意识地经过了改变的信息。

2007—2008 年，我在新疆喀什地区一个维吾尔族村落调查妇女婚姻与妇女发展相关问题时，一些有趣的现象至今也萦绕在我的脑际。现象之一是：正在访谈的时候，经常有人问陪同我做田野调查的40多岁的翻译：“你有男人吗？你男人不管你吗？”紧接着问得较多的是：“她（笔者）有没有20岁？她结婚了吗？”翻译是从县城里来的，丈夫是具有大学文化程度的维吾尔族退休干部，所以她会为自己解说。而我时常会说“我已有一个十多岁的孩子”，她们惊讶之余会接着问：“你出来这么长时间，你丈夫不管你吗？”我说：“我们都在大学工作，他非常支持我的工作。”在她们的观念里，好女人是不会在外面跑来跑去的，十天半月在外面过夜更是不可思议，无论如何，她们的丈夫都不会答应，尤其未婚女性，父母绝对不允许自己的女儿在外过夜，除非在亲戚家，当然在外上学深造的情况另当别论。面对这一现象，与先前不同的是，我不仅能够从女性人类学视角，也可以从主位与客位视角很好地理解我的研究对象了。也因此，我再次体会到田野调查中“看”与“被看”深蕴的含义。

2010年6月，我在贵州凯里学院参加第九届人类学高级论坛时，遇见了一位来自台湾地区的学者，无意间又听他讲了一个关于“马铃薯”的故事。他说一个台湾地区的人来到大陆，有一天在一个小饭馆就餐时看到菜谱上有一道菜叫“土豆丝”，他感觉很奇怪，心想土豆怎么能切成丝呢？于是他点了这道菜，看看究竟是怎么回事，等菜上来后，他恍然大悟！在台湾地区，人们把花生叫土豆，把大陆很多地方所说的土豆则叫作“马铃薯”。听了他的讲解，我对“马铃薯”有了更多的了解。这让我更加久久不能忘怀“马铃薯的故事”。

值得欣慰的是，“马铃薯的故事”点燃了我思想的火花，促使我写了一篇小论文《民族学田野调查的几个问题》[①]。后来我开展田野

① 《新华文摘》2007年第22期“论点摘编”选录。

工作时，它也时刻提醒我在实地调查中应注意的问题。2010 年 6 月，去凯里前，我先到北京大学参加“纪念费孝通先生百年诞辰系列学术活动”，这个学术会议的主题是“中国人类学的田野作业与学科规范——我们如何参与形塑世界人类学大局”。在这个会议上我首次公开讲述了“马铃薯的故事”，以此为引子，交流报告了《民族学田野调查的几个问题》一文，针对我的发言，当时在中山大学任教的麻国庆老师点评说：“你的‘马铃薯的故事’是一个‘看’与‘被看’的问题，你的田野经验可以说是从‘走马观花’到‘下马观花’”。对于要长期投身民族学、人类学领域的众多学人而言，我从其话语中深知田野工作者从不成熟到成熟、从不扎实到扎实、从不深入到深入的意义所在。

有狼出没的地方

冯雪红

由于我主持教育部新世纪优秀人才支持计划项目“甘青牧区藏族生态移民产业变革与文化适应研究”的需要，2014 年暑假开始，我带领团队成员多次赴甘青地区做田野调查，持续关注并延伸研究新发现的问题，成员以我的民族学硕士生为主，虽然课题早已结项，但是田野工作至今仍在继续。

为顺利完成课题，第二次下田野时，那是2014 年8 月 17 日，我带着两个硕士生一行三人乘坐长途快客从宁夏银川出发，经过 9 个小时的舟车劳顿，晚上到达青海西宁，第二天 8：00，我们又乘坐长途客车前往玛多，经过一天途中时有颠簸的行进，18：40 终于到达海拔 4200 米的玛多县城所在地——玛查理镇。

在走向玛多的路上，明显感受到果洛州[①]沿途植被比黄南州河南蒙古族自治县—泽库县公路沿线逊色许多，也许已是 8 月，一路上

① 为行文方便，果洛藏族自治州，简称果洛州，文中类似表述同此。

骑马的牧羊人

进入玛多县城——玛查理镇

县城岭 · 格萨尔文化博览园外的草山

目之所及的草原，远不如 7 月中下旬黄南州牧区草原满眼尽是绿色的景致那般让人赏心悦目。

傍晚时分到终点站玛多县城下车后，感觉身体不太舒服，就近匆匆了解了几家高原宾馆后，我们便住进了县城南大街的海纳商务宾馆——有点简陋却价格不菲的一排红顶瓦房。入住手续办妥后即到房间，我没有丝毫的胃口，似乎已没有走出去吃晚饭的力气了，也根本不想吃。最后兵分两路，女的留在房间，男的出去吃饭，吩咐（男的）返回时顺便给我们带点什么。去吃饭的人还没回来，我心想先吃一点来时带的面包补充点体力，结果吃了几口，又吃了两粒预防高原反应的红景天胶囊，不一会儿，反应剧烈，胃里极不舒服，赶忙冲进洗手间，已抑制不住地吐了一地，人生中从没有过的一种呕吐和难受，吐的是黑色的东西！一阵折腾后，忍着极度的不舒服把洗手间清理了一下，尚不彻底，但已无力再全面清洗，也不愿让其他人介入。这一晚神智昏迷，有点快挺不过去的要命感觉，学生拿来了氧气袋，但我拒绝使用，恰好宾馆服务人员也告诫："能忍就忍着点，到明天就好了，如果用氧气袋会有很强的依赖性，第二天会更难受。"夜间我起来了几次，大约凌晨3：00有了喝水的欲望，慢慢的身体舒服了。第二天一大早，我把卫生间又清洗了一遍，早上洗漱后有点想吃早餐了。度过了极度难受的一夜，迷糊中脑子里懵懵懂懂闪现着一个强烈的声音，那就是"如果这一夜能挺过去，以后有机会我绝不去西藏"。一直以来，尽管很想去那里看看，但身体的确吃不消。这是我到玛多当晚的切身体会，刻骨铭心。

后来，据海纳商务宾馆的藏族老板CRZX①讲，刚到高海拔地方，宁愿饿着，少吃一餐，也别吃饭，这样会舒服一点儿，过一天慢慢就适应了。有一天晚饭后，在宾馆门房，因为重感冒，39岁的宾馆老板CRZX一边抱着个枕头般大小的氧气袋吸着，一边给我们讲述着他所看到的三岔路口生态移民刚搬迁后的生活境况，他还提及他的两个小孩都在西宁上学（住校），假期来玛多，啥事也没有，没有高原反应。但CRZX自己在玛多已待了19年，脸色又青又紫，他说气候受不了，明年（2015年）准备办理退休手续，提前退休，回西宁生活。这让初到玛多已步入46岁的我进一步明白了这里的人生活和工作的不容易，以及我们几位不同程度的高原反应。相比同行的人，到玛多县城的当晚，我出现的应当算是重度高原反应，不过，随后几天基本上就恢复正常了。

久久不能忘怀的是，调查期间，依然是晚餐后，在宾馆门房，

① 出于田野伦理要求，文中出现的真实人名，其中一部分以其名字的汉语拼音首字母代替，后同。

CRZX 兴致勃勃地给我们讲了三个关于“狼与羊的故事”，是他亲身经历的，从中似乎能体会玛查理村周边的生物链及其所处地理环境。

> 2012 年夏天七八月下午五六点，同一个地方，同一个方向，往扎陵湖走的路上，那就是狼的一个领地。这儿山不太高，我一个人开着车，一只狼在追一只羊，公路边距我的车 50 米处，狼把羊抓住了，从脖子上咬死了，我停下车，下车过去打了一石头，狼就跑了，狼跑开 50 米又蹲下，狼看着我，我看着狼，（后来）狼看见人（我），跑掉了，我把黄羊放车上带回来了，给我们单位的一个汉族同事（吃了）。
>
> 2013 年夏天六七月下午五六点，我自己（CRZX）开车，从县城往扎陵湖走的路上，走了有 20 千米的地方，看见一只黄羊，五只狼追着，我们看见五只狼追一只黄羊，我们赶紧把车停下，我用石头打狼，想要救羊，狼没管，追上黄羊上山了，肯定追上了，狼怕人。晚上单独一个人碰上一群狼，狼肯定吃掉人。一个人碰上一只狼，狼不吃人。
>
> 2014 年 5 月，在花石峡镇东格措纳湖湖边，10：00 左右，我看见湖边冰上有五个黄羊，狼把肉全吃了，冰上哪这么多尸体！当地人说：“狼这个跟其他动物不一样，脑子好，晚上把羊赶到冰上，狼耐力好、脑子好，把羊都赶到冰上，黄羊滑得跑不了，就被狼吃掉了。”

这是我在田野调查中第一次听到关于“狼与羊的故事”，从当地人的叙述中得知这里是有狼出没的地方，由此深感他们生存环境的别样、艰险和不易。

聆听狼与羊的故事

再后来，2016 年 8 月，我第二次去青海玉树州称多县做调查时，给我们提供了诸多帮助的玉树州总工会主席 LY 同志，在玉树州、市府驻地结古镇热情地招待了我们，有特色的精致晚餐，我们一边用餐，一边聊叙，他讲起了在玉树下基层调研时遇到狗熊的经历，还从手机上调出了工作人员录制的小视频，让我们一睹他们一行三四人是如何策略地跑进车里，随即开车逃离有狗熊追来的现场。此外，他还讲了一个让人揪心的故事，就发生在玉树地区。他说有一只狗熊，可能是饿了，下山找东西吃，结果走到一户人家，家里只有老太太一人，在没有力量防备和抵抗的情况下，狗熊把老太太的面部从额头往下直接撕掉了手掌宽的一溜，血淋淋的样子，实在不敢想象。在雅致的餐厅，耳闻这样残忍的场面，我和学生都不忍心再追问什么，心中装着群众的他，沉默了一会儿，也没有再讲下去……最后，他热心地说："等下次你们来玉树调研，要好好规划一下，我带你们在玉树多走走。"但已时隔五年，我们再没有去那里。

每每想起在田野中关于"狼与羊"的故事，我也总会想起"狗熊与老太太"的故事，心有余悸，又难以忘怀。我深切体会到，在这样的环境做研究，趣味多多，也充满挑战！

窑洞：黄土高原上的别样风景

张　欣

20 世纪 60 年代，物资匮乏，在宁夏南部山区村落生活的人，更是靠着一把力气艰难度日。露往霜来，他们的岁月，流逝在一把又一把扬起的黄土里，沉浸在镰刀挥起麦秸落下的声响里，也深深镌刻在老者欲言又止的思绪里。田野期间，访谈每每问及过去，经历过的人不约而同会蹙眉，对过去，他们除了对时日渐远的叹息，并无几分留恋。黄土高原独有的土质，造就了窑洞这一特别的居所，也形成了别具一格的窑洞文化。2021 年 4 月，我和报道人一同重返窑洞，看到窑洞中简易的土炕，烧得发黑的灶台，墙壁上掉了又糊上去的报纸，种种迹象，断断续续记载着移民过往的日常，昔日的窑洞——今日的景观，承载着黄土高原上千万生命的悲欢，循环往复，不曾间断。在往昔，鸡鸣五更，他们开始一天的劳作，老牛归圈，他们结束一天的辛劳。山坳深处，这是一群人的故事，也是一个时代的故事。

去田野之前，我就查阅了相关资料，知道我的田野点距离移民

搬迁前的原居地并不远，所以我一直惦记要去移民迁出地看看，以便更真切地体会他们过去的生活。有一天，联系了我租住屋所在村子一位热心的大哥，他带我去20千米以外的原居地，那里也是他的故乡。去之前他告诉我，在老家，他们的住所有两种，一种是窑洞，一种是土坯房。去了之后看到大部分土坯房已被拆掉，窑洞也因年久不住人而破落，又因此地已是自然保护区，我们只能在围栏外遥望，好在围栏外还有部分窑洞，我也能进去一探究竟。同行的大哥告诉我，这里的窑洞分为两种：一种是崖（ái）窑，就是靠着山的断面挖掘的窑洞；一种是箍窑，是在平地上用土坯箍起来的窑洞。而我看到的，基本都属于崖窑，窑洞里有土炕，上面的席子还在，还有灶台，墙壁用报纸糊了一半，前面是窗户和门，都是用木头做的，窗户是用纸糊的，因无人居住，纸已掉落，只剩窟窿，墙壁上有用木头钉的一些桩子，上面搁上木板，是简易的壁橱。我好奇地问报道人，生火的时候烟从哪里出？报道人说“这里有个烟囱”，边说边往上指，我顺着他手指的方向看过去，靠着灶台的地方，墙面上凸起了一个柱状的东西，一直延伸到崖窑顶部，窑洞的选址一般在向南的山坡上，前面被称为窑面，窑洞的顶部也较为平坦，类似台地。报道人带我从崖窑旁边陡峭的坡地爬上去看窑洞顶部，这里是一块平地，听说之前也会在这里种粮食，有一个砖砌的地方，他说这就是烟囱的出口，往里看是深不见底的黑洞。我好奇这是怎么做的，他说这是打窑洞的核心技术之一，窑洞挖好后，就要做这个烟囱，找一根合适的柱子，从下往上打，就像老鼠打洞一样，边打土边落下来，掉在地面上，人踩着土继续往上打，一直到打通为止。后来有位大叔也给我讲了打烟囱的过程，说人钻进去，土从头上落下，加之里面空间狭小，人呛得喘不过气来，但还是得坚持打完，

窑洞的烟囱一般比较粗，一个成年人在里面能转过身。随之我问："那小孩子会不会掉进去?"大叔说他家的小孩就掉进去过，家里人在忙，小孩自己跑到崖洞上面玩，后来怎么也找不到了，找来找去听到窑洞里隐约有小孩的哭声，循声找去，在灶台里面找到了孩子，原来孩子从烟囱里掉下去了。我问："为什么在灶台里面找到了?"大叔说："烟囱是连着灶台的，做饭的时候好出烟，土炕和灶台一般也是相通的，做饭的时候烧火，炕也能烧热。"我恍然大悟，掉进小孩的这个烟囱内部直径大约 0.8 米，通到顶部大约 3 米高，出烟的烟囱口用砖砌小，留出长宽各约 25 厘米的出口。大叔说他听到哭声赶紧把灶台上的锅拿掉，小孩就掉在灶台和烟囱的连接处，从灶台把孩子抱出来的时候，孩子全身被染得黑乎乎的，幸好里面没有烧

崖窑

火，孩子也没摔伤。我听后忍俊不禁，也为这个小孩感到庆幸。

后来导师来田野看我，当我们再次去看窑洞，走到外面的窑洞顶上时，导师也有了这样的疑问，随即问“小孩会不会掉进去”，我说之前有人告诉我真有小孩掉进去过，我们伸着头仔细看了看这个年久失修、上面用几块砖遮住的烟囱，却不敢往前挪半步，生怕自己也掉进去。

窑洞，是黄土高原上别样的风景，窑洞里成长的孩子，童年的记忆也大多与窑洞相关，原生态的生活环境更能激发他们活泼的天性，但也存在一些潜在的隐患。有一位阿姨给我说，她家女儿小时

崖窑上的烟囱出口

候在山上玩耍被骡子踢倒过，如今女儿 25 岁了，脸上的伤疤还能看清楚。

闯入“他者”的世界，各种信息云集，我最大限度地调动自己的各个感官，生怕重要的信息一闪而过我却没有发觉，田野中到处都是活态的知识，行走、记录、反思、理解，民族志的魅力，可能在于它既有触摸真实生命喜怒哀乐的“脚踏实地”，又有来自作者各个感官搜集到的“仰望星空”的意境。

能开进拖拉机的窑洞

张　欣

从影视作品中观看，或者在田野调查中寻觅，我对窑洞的感性印象都是内部面积较小，采光较弱。但是有一天在访谈中，一位阿姨告诉我，她老家院子里有一口窑洞，已经有上百年的历史，那口窑洞大约 20 米深、7 米宽，3 米多高，一个手扶四轮车开进去都能转方向，窑洞里打了两个大炕，还有套间，家里的人都在里面住，因为那个地方土质好，是黏性很好的黄土，不是沙土，所以打那么大也不塌。后来家里又陆续打了一些小窑，人都分开睡，那个大窑洞就用来放家里的粮食、草料，还安着碾子、石磨。碾子用来碾米，石磨用来磨面，前面还做了一个门，把里面隔断分开，里面盛东西，外面靠近门口的地方做牲口圈，里面圈着驴和骡子。阿姨说她们爷爷辈是村里的地主，所以就找了很多人打了那口窑，那个窑洞内部宽敞，冬暖夏凉，她到现在还想那个窑洞。

我愕然！窑洞居然还能做这么大，与我之前的直观印象完全不同，阿姨告诉我，以前她们烧火完全靠羊粪和柴火，每天上山放羊，

还要边放羊边打柴，傍晚赶羊回来的时候，背上还要背一大捆柴，放到窑洞里存起来，在下雨天或者冬季柴火稀缺的时候拿出来应急。所有的粮食也是存放在窑洞里，专门有一个地方，用土做一个围墙，中间隔成小空间，盛放不同种类的粮食。我问如何防潮，阿姨说在放粮食之前，地上用麦草铺一层，贴着墙壁也要放一些麦草，然后点燃，烧过之后，地上的潮气被赶掉，扫干净之后再放上粮食，这样粮食一年都不会坏。

提及一家人从“能开进拖拉机的窑洞”中搬出来分开住，阿姨说是因为家里的男孩都长大成人，要成家了，所以分开了。我又追问她当时是怎么结婚的，阿姨说：“我结婚的时候才 18 岁，我娘家那会儿是同心县韦州镇的，那个地方平，最后找婆家找到了活龙沟村，那个地方山大沟深的，我们那会儿都是骑的毛驴子结婚呢，那会儿就是选择一个毛驴，还要选一个种驴，就是公驴，新娘子骑到那个驴上，送亲的人都是跟上走着呢，条件就那么差。我娘家和我婆家也离得远，要走二三十里路呢，送亲的人把我送来，在窑里住一夜，第二天才回去，一家子的窑洞不够住，那就把庄子上有空闲的窑洞都腾出来，给亲戚住，我们结婚也是在一个窑洞里结的，那个时候的人都欢，过个啥事，吃的虽然不行，人都热闹得很，不像现在条件好了，人的压力大得很，比过去压力大。”阿姨结婚是 40 多年前的事，但如今回忆起来，仍然面露喜色，简朴的窑洞，简约的婚礼，简单的老物件，无不沾染着她们青春岁月的痕迹，过去的慢生活如同一坛老酒，时日越长，越发醇香。

窑洞，这一因自然环境而形成的黄土高原特殊的民居，已经渗入这里世代生活的人们生命深处。艰难岁月里，因为一场喜庆的婚礼，一个村子里的窑洞会因之雀跃起来，狭小的生活圈造就了熟人

生态移民迁出地废弃的院落

窑洞外部

社会，也因物资缺乏，邻里之间长久形成了互帮互助的习俗。村落，更像是一个扩大化的家庭。一日三餐，在窑洞简朴的灶台里，生命的到来和离去，也在窑洞厚实的胸怀里。黄土高原漫长而寒冷的冬天，更是窑洞给予这里的生命以温暖，亲友相聚，迎来送往，沉默或者是热烈，这里的一切都与窑洞有着千丝万缕的联系。移民搬迁后宽敞的新居，割断了他们与之前传统生计方式的联系，他们回忆过往，是在回忆窑洞中的时日，回忆让他们眷恋的亲属网络，回忆自己年轻的岁月。

“男人纳底子，女人做帮子”

张　欣

窑洞本无生命，是生活在其中的人，让它包罗世间万象，体现生命百味，让它有了性格，有了生机，有了欢喜，有了悲悯。行走田野，谈到居所，对于搬迁前很多人曾经住过的窑洞，移民总是有很多话要说，我的思绪，也一次又一次被拉回到过去。我虽未体验过窑洞里的生活，但是在与受访人的交谈中，我的脑海里还是勾勒出了不少关于窑洞的画面，一位报道人的一句话，“男人纳底子，女人做帮子”，令我触动最深。他是这样讲的：

在老家的生活真是很艰苦！那时候穿的那个鞋（自己做），现在人穿的鞋都是买的，那个时候没有买（鞋）的，也没有卖（鞋）的，都是自己做着呢，比如你们两口子，男人纳底子，女人做帮子。那个时候没有电，两个人白天干活，晚上在窑洞里的炕上搁一个小桌子，因为冬天冷得很，一边坐一个，桌子上搁一个煤油灯，两个人用一个灯，男人纳底子，女人做帮子，

因为女人一人做不完，白天还要干活呢，就要天黑了做。那个时候家里人口多，有几个娃娃，一个人一年得两三双（鞋），你在冬天的时候就要把这些东西准备好呢，夏天你没有时间，冬天每人要给做两三双鞋，你要做得好好的呢，做不好没啥穿的，咋办呢？那别人还笑话你呢，说你这个婆娘咋这样，娃娃都光脚丫子。那个时候人穿烂的衣裳，只要是个布，就都洗干净收拾好，到了冬天，用麸子打的糨糊一层一层粘成褙子，晾干后剪成鞋样子，再做成鞋帮子，鞋底也是对着鞋底样子剪好，再用麻绳子整个纳一遍，然后再把底子和帮子绱到一起，那好费事的，人穿个鞋都仔细穿着呢，穿烂了再补着穿，哪像现在这么容易就买上了。

这位受访人今年70多岁，过去的种种调动了他讲述的热情，我

窑洞内部

也在他的言语间看到了一幅油画般的画面，夜幕降临，半山腰的村落里，每家的窑洞都点上了煤油灯，灯光昏暗处，土炕烧得温热，炕中间放着一个小桌子，上面有针线箩，飞针走线间，女人在做各种各样的鞋帮，比较费力的鞋底，则由男人来做，家的温暖，氤氲在一针一线里，映射在煤油灯下、窑洞墙壁上斑驳的影子里。

为上学差点送了命

张　欣

有一天，我骑着自行车在村子里找访谈人，一位 80 多岁的老爷爷也骑着自行车，与我同行，我们就在路上边骑边攀谈起来，得知他是村里最早的老教师，聊了一会后，他邀请我改天去他家玩，这是理想的访谈人，第二天我就欣然前往。爷爷家是新盖的二层小洋楼，里面空调、地暖、家具一应俱全，外面的小院里有个小菜园，豆角、茄子、西红柿各种各样的蔬菜在奶奶的侍弄下茁壮成长，还有一棵杏树，正是成熟期，金灿灿的杏子挂满枝头，好客的爷爷奶奶给我摘了一大包让我带上，爷爷带我去参观他的书房，他爱写字，书房放着很多书法作品，他送了几幅给我。院里有个小桌子，坐在树荫下的桌子旁边，爷爷便给我讲起了他过去的求学故事：

丫头，我给你说，爷爷上学时的那个艰难，现在的人谁都不行。我小的时候见过一次军队上的人，戴着那个帽子，腰里扎着皮带，凶乎的，我就想着我长大了也要念书呢，也要去部

队。那个时候家里真是穷得很，我那个时候念书，那是你们想都不敢想的艰苦。白天去学校上小学，晚上回来还要犁地去呢，家里劳动力不够，月亮上来套牛就犁地去呢，一直犁着天亮了，把犁地的牛赶回来，才去念书，要在五里路外跑着念书去呢。早上走的时候吃一点，中午就不吃饭，晚上回来再吃饭。上完六年级，我就考到了宁夏工校，就是后来的吴忠师范，考上后，那个时候没钱，开学去了，一年半载才回一次家。我记得一到期末放假，我们几个同学就在包里背上三四个馍馍，那个馍馍是白面掺着荞面做的，天黑了月亮上来，我们就开始朝着罗山的方向走，走一夜，就快到罗山了，第二天下午就到家了，要走一夜大半天，全靠步行。夏天还不敢回去，要打工挣钱呢，在砖窑上背砖，一天一块一毛钱，挣一个月都感觉自己富得很了，当时12块钱买一套衣服、鞋，从头换到脚。后来我有了一个大梁自行车，骑着还轻松点，有一年冬天，我记得那个时候是低标准，家家户户都没吃的，我从学校回家，骑到中间雪越来越大，没办法走了，我就在我老师家借宿了一晚上。第二天早上起来，也没吃东西，老师让我吃了再走，我没好意思吃，那个时候我知道他们家粮食也很缺，当时年轻有股子犟劲，一早就走了，在雪地里骑，车子还坏了，我就推着车子在雪地里走，我只记得那个车子让雪刮得哗刺刺地响，一直推到老家，到了天都快黑了，一天没吃东西，中途饿得我就把雪抓着一把一把往嘴里喂，吃了再走，走了将近50里路。结果我正高兴快到家了，遇上我一个爷爷，人家说娃娃你还往这走呢，你们家都搬了，全村人都搬了，我那会已经饿得没力气了，那个爷爷赶紧把自己拿的馍馍给我吃了，我又返回顺着爷爷说的路回去

了，到家的时候月亮都上来了，那可真是又冷又饿，差点把命送到那个荒滩里了。

如今，这位爷爷已经84岁高龄，儿子、儿媳、女儿、孙子全都是教师，是当地有名的教师世家。他凭借一股信念，在过去艰难的岁月里完成了学业，教书育人，代代相传，立德树人。在温饱都不能解决的年代里，这种坚持和坚定，让他内心丰盈，山路漫长，月光皎洁，也映得他们的生命摇曳生姿。

如今村落中的小洋楼

背　水

张　欣

我的田野点在宁夏红寺堡区的一个生态移民村落里，2000 年，第一批移民搬迁到这里，在这之前，移民大多生活在山区，旱地耕作，收成如何，全靠不确定的雨水，人畜饮用也不宽裕，稀缺的水资源成为制约当地发展的重要因素。得益于宁夏扶贫扬黄灌溉工程，红寺堡从之前的荒凉贫瘠变成了沃野千里。移民向水而迁，终于摆脱了靠天吃饭的宿命，用毛驴或者骡子从几千米外的水源处驮水的过往也与他们的生活渐行渐远，驮水的经历，已经成了被翻页的历史，过往的一切，都随着移民的迁出，遗落在黄土高原大山深处、移民旧址断壁残垣沉默的日出和日落里。

我所调查的这个村子，大多数人都是从宁夏同心县原来的新庄集乡活龙沟、朱庄子、徐斌水等村子搬来的。活龙沟村是山路最深处的一个村子，条件非常艰苦，听现在的村书记讲，过去活龙沟村有个民谣："活龙沟，多见山，少见川，见了开车的都是官；男人搬干柴，女人拾石头，五更里听信猴。""男人搬干柴"，是因为生火做饭和冬季取暖，全靠大量的干柴。“女人拾石头”，是说下了雨后，道路泥泞，无法出行，所以平时要在山下的沟里捡石头铺路。“信猴”是一种面相类似猫头鹰的鸟，学名草鸮，叫声响亮刺耳，白天栖息于山麓草灌丛中，夜晚捕食，“五更里听信猴”非常生动地展现了夜色下村庄的寂寥。就在这样一个村子里，水，是珍贵的资源，提起以前如何吃水用水，一位从活龙沟村搬来的74岁的爷爷给我讲述了过去的经历：

爷爷：1955年到1980年，大集体的时候，我们吃水是驮着吃、背着吃，就用那个木桶，木桶是专门有会箍的人箍的，一般人还不会，就搁木头箍这么大这么圆的两个桶，大概直径40公分（厘米），高有半米，有两个桶耳，给驴身上备个鞍子，不然就把驴脊梁磨破了，备好鞍子，把桶搭到驴身上驮呢，大集体的时候自己家没有驴，都是集体统一饲养，所以你还要跟饲养员要个驴，人家要是高兴了就给你了，那你还有驮的，人家要是不给你，你还要不来，那就得人背着去，我记得那个时候多数是人背着吃水。

笔者：您那个时候一般是什么时间去背水？

爷爷：那天天要用，每天要起五更背呢。你去得迟了，天一亮，那个水就打不上了，就没水了，庄稼人都要取水呢，去得迟了就挨不上了，那个井里的水干了就刮不上水了。

笔者：没水了咋办？

爷爷：那就起码得提前取上，每天都要取上呢，家里有水缸，就是那个腌菜的大缸，那个时候都搁那个大缸盛着呢，提前要背去，你不能等着吃完了，吃完了你要是取不上了咋办呢，那个缸两桶水还倒不满，一桶水都在100斤左右呢。

笔者：取水的那个井是谁打的？

爷爷：那都是我们老先人打的，全庄就打的那么一个井，那个井就要三丈多深呢，超过十米，就光那个打水的绳盘起来都要十来斤呢！过去的那个绳不像现在的这个尼龙绳了啥绳了，那个绳是用滩里那个芨芨，就是芨芨草上长出来的，把那个芨芨拔来，晾干，再泡到水里面，泡软后用木头捶，也不能捶得太过，太过了就断了，捶好以后，先搓成细绳，再用三根细绳合成粗绳，就搁那个绳子打水呢。

笔者：那个绳不断吗？

爷爷：时间长了也断呢，那个井口是圆的，直径有一米多宽，你想要一个人能下去呢，井沿子边里搭了四个棒，那都是我们前辈搭的那个棒，木头的，也老粗呢，我能记起事的时候就勒了个壕，后来那个棒直接磨断了，又重新搭了个新的。你想一庄子人天天打水，那一桶水都要100多斤呢，有的桶箍得小，有的桶箍得大，大小都在100斤左右呢，就那么重。去打水还要拿绳、拿桶子，庄子上每家必须要有一盘绳，打水的时候谁的绳子谁自带着呢，吃水的桶子往后面一担，前面吊的一个打水的小桶子和一盘绳，都在一个绳子上拴着呢，一前一后一搭，我小的时候就那么背过20年左右。

笔者：那口井离您家多远？

爷爷：庄子离那个井有两三千米远，打一趟水最少都要一个小时以上呢，那个时候生产队还要干活，打水还要抢时间，要么就是早上五更起来去背水，要么是早上生产队干完活了，中午回来，女人就赶紧做饭，男人就赶紧去井上背水去，

12：00到14：00点能干自己家里的活。你水取回来了，女人饭做好了，那个时候都是土灶台，煮饭煮得慢，饭做好了一吃，有时候吃得早了没有活了，可以稍微睡着缓一缓（歇一歇），家里的活要是没有干完，中午就加班干，干到两点钟上班的时候你就要赶紧走呢。

通过这段讲述，我对搬迁前村民艰难的用水状况有了更清晰的了解，黄土高坡上的山路崎岖不平，去背水的路上，一盘芨芨草做的草绳和两个木桶已经很沉重，而返回的路上，更要加上100多斤的水，还要抢着时间去背。在特殊的年代、特定的环境下，人们拼尽全力，只为生存，一天又一天重复的生活，似乎看不见光阴的窸窣，简易的用木棒做成的井口，在和草绳一遍又一遍的磨合中，勒出了深深的岁月痕迹，冬去春来，这口井也数不清有多少脚印来往，有多少人从少年到中年，有多少生命与之紧密相连。

搬迁后扬黄灌溉的管道

渡槽

“扬黄灌溉”支渠

被龙卷风刮起的小孩

张　欣

我的田野点在全国最大的易地扶贫搬迁示范区——红寺堡区。在移民搬迁之前，迁入地是一片生态脆弱、人迹罕至的荒漠化地带。2000年，移民搬来的时候，迁入地布满沙坑和沙丘，只有耐旱的芨芨草与之顽强抗争，听体验过的人讲起，最高的沙丘有十多米高，风稍微刮起，就狂沙肆虐，天地间昏黄一体，能见度非常低。在这样的环境中，建房子也非常艰难。一位阿姨告诉我："刚来的时候环境太差了，刚一起风，人就要赶紧躲起来，沙子太大了，那个风刮起来沙子打得人脸生疼，刚来时也没有像样的房屋，大部分家庭都居住在暂时搭起的帐篷中，要是晚上有闪电和暴雨，总感觉要把帐篷撕破，吓得人睡不着，晚上砌好的墙，第二天起来一看，已经被昨夜的大风吹倒，只得重新砌。"

刚迁来的时候，迁入地就是一张白纸，百业待兴，单就饮食问题就让移民犯了难，房子还没盖起来，移民就在院子里搭几个帐篷容身，刚来的时候电还没有通，做饭只能在帐篷里搭起简易的灶台，有的甚至在露天的灶台上做饭。有位30多岁的女性告诉我："当时搬来的时候我才10岁，我记得很清楚，我家先在外面搭了个灶台，有一回，锅里烧着一锅水，我妈让我看着锅盖，害怕被风吹走，我一时贪玩，没看好，突然一股风把锅盖吹得老远，我妈把我一顿打。"锅盖被吹出很远，想必锅里的水也进了不少沙子，在她生动的讲述中，我对刚搬迁来时黄沙漫天、百业待兴的场景有了更深刻的感知。提起刚来时的饮食，很多移民的记忆都是"一碗饭里半碗沙"，做一锅面条，等面条煮熟的时候，锅里的汤已经变得浑浊，盛上一碗，吃到最后碗底沉着一坨沙子。有位大叔说："想起当时那个饭，吃进嘴里都硌牙，但是没办法，难吃也得吃。"

孩子的教育是移民安置后的首要问题，搬迁前，政府在迁入地已经修建了校舍，适龄儿童终于摆脱了在老家上学难的问题，可以步行很短的路到学校。在田野调查期间，我访谈到一位26岁的女性，当我问她当年上学的情景时，她说："刚来的时候风沙大，我一年级是在老家上的，二年级时我家就搬来了，我记着我们当时经常种树，学校组织种树，就在学校周围种。那个时候小学就是五小、一小、二小，初中就是一中、二中，那个时候就是全校都在种树，老师也在种，没办法，因为那个时候沙子太大了。那都是我们亲身经历过的，忘不了，还有龙卷风呢，有一次，龙卷风来了，我一个同学没来得及跑进教室，那个风把我同学都卷起来，卷了这么高——大约一米，摔下来都摔伤了，好在伤得不重，缓（歇）了几天就好了。反正那个时候沙子真是大，每天回家身上沙子都满了，家里窗台上、地上沙子都一层。"

我没有切身体会过严重的沙尘暴，只在2020年冬季体验过宁夏银川的沙尘，半夜被土腥味呛醒，至今记忆犹新。我想找到这个被龙卷风卷起的小孩，听听他当时的感受，无奈被告知他在外地，只能作罢。谈及刚搬迁后的场景，移民们无不表示对漫天黄沙的畏惧，本就贫瘠的荒漠地带，在推土机推平院落场地和需要耕种的土地时，地表的一层土又被推掉，更助长了沙尘的“气焰”。经过数十年的植树造林，环境终于逐渐向好，院落和道路都铺上了水泥，沙子也被压在下面，所以我去的时候，已经没有了当年沙尘的影子。“被龙卷风卷起的孩子”如今已长大成人，他的命运，因为一场搬迁而改变，虽然经历了艰难的建设期，但他们再也不用忍受漫长取水路上的艰辛，再也不用看着“老天爷的脸色”等待一年的收获。大山里蜿蜒又陡峭的路，让祖辈画地为牢，而如今，视野开阔，交通便捷，他们的脚步，也走到了祖辈们想象不到的远方。

你能给我涨养老金吗?

张　欣

身处田野，每天会面对很多不确定性，误会也是常有的。一日傍晚，我做完访谈往回走，遇到一位大叔刚刚从自家大门出来，我赶紧抓住时机上前搭话，大叔很热情，对我的问题也讲解得很仔细。当他说得正起劲的时候，隔壁家院子里又出来一位中年男子，他先是观察我们，然后问我是干什么的，说明缘由后，正和我聊天的大叔便给我介绍，“这是我们村的退休老教师”，然后他继续解答我的问题和疑惑，而那位老教师突然问我：“你知道我们这个地方的历史吗?”我正想找人了解一下村子的历史，因此激动万分，于是赶紧说我不是特别清楚，正想向您请教呢。然后他就接过了话，开始滔滔不绝地给我讲当地的过去以及他们老家的历史，可能是退休后的生活百无聊赖，好久没有给学生讲课了，他越讲越起劲，声音也越来越大，我和之前给我讲述的大叔在一旁听，那位大叔听了一会儿似乎没有兴趣，起身要走，我不好打断老教师，大叔走的时候我也没顾上道谢。

后来有一天，我又在村落巷子里碰到那位大叔，他在门口给摩托车打气，我还庆幸自己又遇到了他，可以继续前几天的话题并向他道谢，于是我上前询问：

笔者：叔，您还记得我吗？

大叔：这丫头还没回去。

笔者：上次您给我讲的话题还没有说完，今天您有时间吗？能不能再给我讲一讲？

大叔：有啥可讲的，没啥讲的了，我又没有文化，讲不出来啥，你问这些干啥呢，你能给我涨收入吗？你能给我涨养老金吗？我今天还忙着呢，还有其他的事呢，没时间讲。

听到这里我似乎明白了，感觉那天可能是专注于听老教师给我讲历史而冷落了他，他似乎以为我嫌弃他没文化，但我又不确定他是不是这样想，所以也不知道该如何解释，碰了一鼻子灰，准备离开。这时从大门出来一位老阿姨，应该是家里的女主人，她热情地和我打招呼，问我有什么事，我说明来意后，她邀请我去家里，她给我讲，我看大叔一脸不高兴，就婉言谢绝了，说您在门口给我说说也行，我就不进去了。阿姨给我讲了一会儿，眼睛的余光中，我看到大叔在院子里坐着玩手机，并无忙碌的意思，更加证实了我的猜想，最后我只得向阿姨道谢并离开。在后来的几天中，我还为此时常感到内心不安。

田野调查中，“我”与“他者”之间的关系非常微妙，我们在观察别人的同时，也被观察着，我以最大的努力显示对“他者”的尊重，但还是会遇到不解和误会。在熟人社会中，保全面子是重要

整洁的村子

夕阳中的村道

的事，尤其是年龄较大的老者，他们希望自己在村落里有话语权，在一些场合有存在感和受关注，一定意义上，这也是村落中“长老统治”传统的体现，我为自己的唐突和细小处忽视受访者的感受而深感不安，但也已难以挽回。

熟人社会的交往逻辑

张　欣

在进行田野调查之前，我提前联系好了住处，是靠近公路边一户人家专门用以出租的一间小房子，大约20平方米，隔壁有一位75岁的老奶奶也是这家的租客，几个月以来，我和这位老奶奶以及周边的住户都建立了良好的关系，也时不时会得到他们的礼物和帮助，这让独自一人做田野调查的我感受到诸多温暖。隔壁老奶奶知道了我来这里的目的，告诉我她女儿也在这个村子，改天可以带我去她女儿家看看，我很高兴地答应了。后来我们就一同前往，在老奶奶的介绍下，我认识了她的女儿J阿姨，J阿姨的老公是位厨师，农村婚丧嫁娶，都喜欢在自己家里热闹，家里的厨房又无法承受这么多人和菜品，于是就催生了“流动宴席”这一行业，面包车被改造成“厨房”，里面锅碗瓢盆应有尽有，厨师、服务员也是自带，谁家有需要，直接把这辆车开去就可以开始做宴席，J阿姨的老公就是流动宴席的厨师。刚开始阿姨还和我有些生疏，我们彼此都不知道该说些什么，过了几个小时，我们竟然聊得滔滔不绝，叔叔也执意要出

去买菜，留我和奶奶吃饭，奶奶说那就吃，我只好答应。后来就吃到了我在田野一个多月以来最可口的一顿饭，农村宴席非常考验厨师的技术，叔叔做的饭果然好吃，吃饱喝足后，阿姨又带我去参观她新盖的房子，房子刚刚装修好。四下无人时，她告诉我这个老公是刚刚找的，不到一年，之前的老公干活的时候因突发疾病去世了，她这两年过得很艰难，最近才感觉自己好点了。从她的言语中明显能感觉到她与前夫感情很好，遭遇这样的不幸也是无奈。她说本不想再找了，但是儿女都不在身边，她家门口只要有人来，周边的邻居都探着头看她家来的是谁，别人都等着看她的笑话呢，无奈她就找了现在这个老公，好在叔叔待她也不错。

后来，我在村子的小道上总能碰到这位阿姨，有一天下午我又遇到了她，她和另外几位阿姨在门口纳凉，那几天我在村里访谈屡遭拒绝，所以希望她能给我介绍一些受访人，她答应得很爽快，让我第二天去，她这几天都有时间。第二天我很早就去找她，去家里后她和三个孩子都在家，她大女儿虽然比我小好几岁，但是已经结婚怀孕了，阿姨说大女儿想吃玉米，所以就去田里掰来煮了一锅，我也跟着一起吃，她给我讲了很多她的过去，但是就不提带我出去找受访人的事，我看已经到10：00了，就问她能不能带我去找受访人，她说："阿姨恐怕不能带你去找了，昨天晚上我给你答应了，你走了之后，我那个朋友还有娃娃都说'你咋能答应呢'，带着去别人家，别人肯定又得说我，你看现在活又来了，不知道领的人干啥着呢，你不在村里长期住，你不知道，村里是非多、闲话多，不是我不带你去，你在我家里怎么都行，出去的话我不敢带你去。"我马上表示理解，并说没关系，我自己去找，后来我在周边做访谈，阿姨执意要叫我去家里吃顿午饭，我也同意了，她和好面，一直等我去了才炒菜，说要和我一起吃，我看出了她的不好意思，答应好了的事又没带我去。我并无任何责怪她之意，也确实是发自内心的理解，通过这件事，我对村落社会的人际往来也有了更深的理解。在田野中，很多时候，我们需要的就是“理解他人的理解，解释他人的解释”。

我本以为在村落社会中大家都相互熟识，如果我能找一位当地人带我去别人家里找受访人，可能比我自己直接去找容易得多，但有时候现实情况与我的想象有很大差距。之前有位老师来学校做讲座，他有丰富的田野经验，在讲座时他说：“村里的事复杂着呢!”的确，越是熟悉的环境，人与人之间的关系可能更为微妙，好在我能听懂当地的方言，在没有完全弄清楚村民之间的关系之前，自己去找受访人，效果反而更好。

落荒而逃

张　欣

2021 年 7 月 16 日，我在村子里入户访谈，看到有一家院子里，老两口在门前的台子上坐着乘凉，院子里还有一位中年男子在用电焊焊接东西，我在村支部家政技能培训班上见过那个男的，我感觉这是合适的访谈对象，就走进去和他们聊天。老爷爷和老奶奶防备心很强，不愿给我说太多，反而使劲问我的私事，让我有点不适，但转念一想，我每天不都在打探别人家的私事吗？我的存在是不是也让别人感觉不舒服，所以对“他者”，我应该有更多的理解和包容，“吾思鱼所思”，不能只停留在理论探讨上，还应当体现在田野实践中。

院子里焊接东西的男子倒是对我很热情，也可能是之前见过的缘故，我原以为他是这老两口的儿子，结果不是，他是靠电焊手艺挣钱的，谁家有活就去谁家干。他边干活边给我讲述老家宁夏固原的种种，说在固原老家，虽然种的也是旱地，但是收成很好，因为老家雨水多、土质好。正和我聊着的时候，老爷爷家隔壁的邻居阿姨来串门，进来看到正在焊东西的这位大哥，听他讲他们老家，邻居阿姨听了一会儿用调侃的语气说："你老家那么好，你咋不回去？"大哥一听她的语气，不愿和她聊下去，便说："我和你说的是事实，你这个人，就抬杠开了。"阿姨还想继续说下去，他起身去了后院里，不愿再出来。然后阿姨和爷爷说这个人在老家找了个对象，本来是去相亲找人家那家的大女儿，结果都快结婚了，他又看上了人家妹妹，还领上人家妹妹跑了，被人家家里人打得不敢回去，所以就在红寺堡安家了。阿姨讲的时候声音很大，丝毫不顾及当事人还在场，讲完了才说我们声音是不是太大了，被人家听见了。我不知道说什么好，就笑笑没有回答。等这位阿姨走了，他才从后院出来，对我说："你聊完了吗，聊完了我要焊接了。"全然没有了开始和我

和村民一起参加家政技能培训

聊天的热情。我说："您忙吧，我不打扰了。"他就开动了电焊机，刺刺啦啦的噪声干扰得我没法再访谈下去，只好作罢。等我走到大门口的时候，电焊声停了，他说："我干结束了，你继续吧，我先走了。"说完，快速开上他的三轮车"落荒而逃"，我觉得好笑又心生愧疚，愧疚于因为我的出现，把人家的"伤疤"又揭开了一次。

我突然想起有一天在村支部的农民技能培训班里，我和两位大叔坐在一起，其中一位问了另一位年龄，直言不讳地说："你年龄也不大啊，比我还小，咋看着这么老，看着比我能老 10 岁。"并且还重复了几遍，我明显看到另一位大叔脸上露出尴尬的神色。村落社会，村民彼此间都熟知，很多时候，表达方式也很直接，这让我想起费孝通先生讲的"文字下乡"，在乡土社会中，人与人之间一个眼神、一个手势，就能表达比文字更微妙的意思，前面讲的大哥之所

包粽子

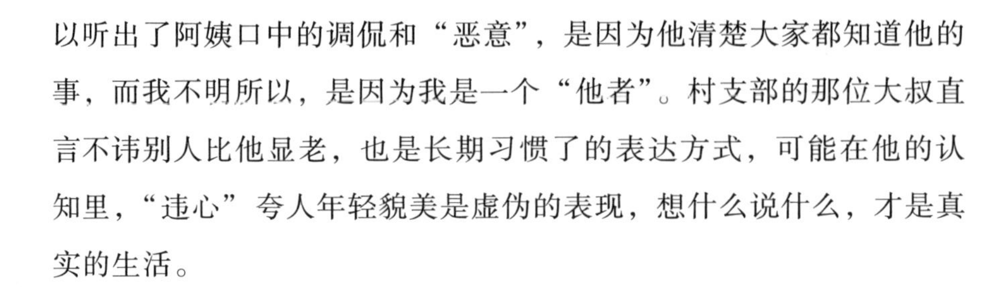

以听出了阿姨口中的调侃和“恶意”，是因为他清楚大家都知道他的事，而我不明所以，是因为我是一个“他者”。村支部的那位大叔直言不讳别人比他显老，也是长期习惯了的表达方式，可能在他的认知里，“违心”夸人年轻貌美是虚伪的表现，想什么说什么，才是真实的生活。

养羊人

张　欣

2021 年 4 月 1 日，我到达田野点，到了之后，我想先了解一下村里的人每天都在干什么？他们的产业是什么？我决定先去村委会看看有没有村子整体的概况简介，去了之后听村委会的人说，村里有很多人家都是养羊的，最多的有上千只。此后，在访谈中，我一直留意看村民家里有没有大群的羊，但是转了好长一段时间，去村民家里也没看到，后来才知道，他们的羊并不在自家院子里养，院子里养羊，最多二三十只，如果养更多的话，就要去周边的山坡上养。5 月的一天，我在村子里找受访人，一位老奶奶在她家门口坐着等人，我上前聊天，她说自己没带钥匙，等爷爷回来开门呢，聊了一会儿爷爷回来了，刚开始他有点戒备，后来我一再解释，他知道了我的来意，便让我进家里，他讲了一些我想知道的问题，后来得知他家养了七八百只羊，在一个加油站后面的山坡下养，我激动不已，希望爷爷带我去看看，爷爷也答应了，但是当我第二天按时到他家门口时，大门又紧锁，我只得无奈离开。

时隔大约半个月后，我每次经过他家门口都会留意一下，我不知道他是不愿意带我去还是为什么，也不敢再贸然去问，后来又问了几家，还是不愿意带我去。无奈，我觉得这项任务非常重要，我必须去看看，有一天傍晚，我又硬着头皮去爷爷家，结果爷爷奶奶都不在，他儿媳妇在家，我说“上次爷爷说带我去看羊”，后来没有去成，您能不能在方便的时候带我去看看您家的羊？阿姨非常爽快地答应了，说好明天6：30一起走。

第二天早晨，我5：00就起床了，生怕她又提前走了不带我，简单洗漱之后我赶紧就去找她，结果去了之后阿姨还没起床，大约6：30的时候，阿姨骑着电动车带上我，经过15分钟的砂石路，一路颠簸着到达了目的地。看了看周边环境，心想这地方让我自己找怎么也不会找到，一个台地下面被削得整整齐齐，形成一面有弧度的墙，另外两边用砖砌成，里面搭上棚子，羊圈露天的地方都搭上了防蚊子的纱网，一个能容纳几百只羊的羊圈便形成了。这样的羊圈有两个，外面还有一些用钢丝网围成的围栏，门也是用钢丝网做的，这些围栏是为了给不同饮食需求的羊分类，从各种陈设来看，羊圈时日已久。让我心惊胆战的是羊圈两侧有两只大狗，阿姨说是藏獒的杂交品种，一只毛发很长，像狮子，一只脸上有点像大猩猩，见到我就想往上扑，好在拴了绳子，吓得我紧跟在阿姨身后。阿姨穿着一身劳动服，完全不像昨天我见到的时髦形象，背起背篓麻利又娴熟地给羊倒草，拿起铲子把玉米粒从一个大容器铲到专门喂羊的特制槽子里，羊群立马围上来吃得咯咯作响，之后又打开水闸，从一口井里把水抽到水槽里。她边干活边和我聊天，后来我才感觉到她好像有点后悔，原来我和她公公并没有那么熟，她开始对我有戒备心了，问我拍这些照片干什么，她忙碌的时候让我在原地等着，

不让我走更远，附近有几个棚子是她家储草的地方，还有两个水泥做的大青储池，青储池是专门用来存放和发酵青储玉米的容器。我想在周边转转，又害怕那两只大狗，只能老老实实站着。后来又来了两个人，应该是她家邻居或亲戚，看起来很熟络，他们边忙碌边聊天，我自己则在安全的范围内观察，后来那两位叔叔要走，阿姨就执意让我跟着回去，她说还要忙很长时间，我说我可以等，但她还是不愿意，我只好跟着回去了。

其实我完全明白她的担忧，昨晚她说她家有八九百只羊，但是今天来一看只有一百多只羊羔，其余的都被她老公赶到山上放牧去了，当地是自然保护区，禁止放牧，所以她对我的来意几度质疑。回来的路上，我和开车的叔叔有这样的对话：

笔者："叔叔，您家有多少只羊？"

叔叔："一百来只，不多。"

笔者："现在养羊是不是成本很高？"

叔叔："是啊，一个羊羔子一天一斤（饲）料都不够，大羊一天差不多得五块钱的成本，光是吃的（饲）料。"

笔者："那你们放牧没人管吗？"

叔叔："晚上放么，没办法。"

笔者："晚上放多长时间？"

叔叔："一夜不睡，还多长时间。"

笔者："那晚上放，您能看见您家的羊吗？"

叔叔："那看不见，羊那个东西机灵得很，自己能找着羊圈，晚上人乏了就在山坡子上睡着了，第二天还是能找见。我养的少，一百来只，就是养着改心慌（当地方言，意为'解闷’）呢。”

笔者：“一百来只还少，那您家里是不是有矿？”

叔叔：“有呢，门框、窗框，多得很。”

笔者和叔叔：“哈哈哈！”

大叔的话语中透露出他们在禁牧地带的边缘放牧的原因，面对我这样的不速之客，从希望我赶紧离开的行为中，我读出了他们的担忧。从老家搬迁过来后，随着小农经济向市场经济的转变，各项生活成本的提高让他们措手不及，打工只能解决阶段性的问题，没有保障和延续性，所以很多人又重拾老本行，开始养羊。从农民的角度来看，放牧能大大节省成本，所以宁愿为之去冒险。从搬迁前的生存理性到如今的经济理性，当地农民在短短20年的时间里已经

羊圈

羊圈一角

喂羊

实现了生活水平翻天覆地的变化，而要继续上升到关注生存环境的生态理性，还需要给他们一定的时间，正如带我去看羊圈的阿姨所说："我们这辈子就这样了，我的三个孩子，无论如何，我都要让他们把学上好，不要再受我们这种苦。"他们的选择，似乎是在发展的某一阶段不得已的行为，也许随着时间的流逝，"移民二代""移民三代"成长起来，类似的问题就会迎刃而解。

想要嫁给“爱情”

张　欣

长期的校园生活，让我宛如生活在“真空”中，进入田野，我才感觉与同龄人显得格格不入，他们已经多为人父母，为孩子的学业和生活操劳，除了年龄相仿，我与他们能聊的话题并不多。距离我住的地方不远处有一家小商店，商店的主人是一对“90后”夫妇，确切地说，应该是女主人大多数时间都在店里，男主人则要去外面干活。由于多次购买生活用品，我与店里的小两口也逐渐熟络。天气不好的时候，我会去店里和这位年龄相仿的女主人聊天，她也成为我了解当地文化的一个很好的突破口。

有一日，我去店里，发现她脸色不太好，便询问原因，她开始给我诉说，自己身体不好，转氨酶高得厉害，她自己去医院看了，说是要立马住院，不然会出现危险。考虑到接下来几天都是放假，她住在医院里也只是输液，不能做其他治疗，又担心家里的孩子，所以她就回来了。提及老公，她露出不满的情绪。18岁的时候去打工，谈了男朋友，后来家里人知道了，见过男方后不同意他们在一起，结果妈妈把她骗回来，家里重新给安排了相亲，从相亲到结婚只用了半个月的时间，结婚之前，她只见过现在的老公两次。在结婚前，她决定要在婚礼前一天逃跑，所以一切都准备得极其敷衍，母亲看出了她的不对劲，所以在婚礼前一天专门找了一个人跟着她，后来感觉还是不行，就向女儿哭诉了一场，说自己一个人带她多么不容易，找这家是为她好，等等。她心一软，便打发走了来接应她逃跑的朋友，就这样糊里糊涂地结了婚。结婚后在男方老家，她非常难受，吃喝不习惯，也没有可以聊天的人。结婚三天后，母亲来看她，她哭着要走，后来母亲还是狠心把她推下车，扬长而去。当然这也不怪她母亲狠心，按当地的习俗，这会儿要是跟着走了，别人会笑话她们。婆家在山里，母亲走后，她跑到山上，想在路中间拦住车，但是当她上去才发现，四周都是山，根本没有一条路能通到外面，更无从说找到哪辆车，她绝望了，在手机里放着音乐，躺在雪地上一动不动，家里人各处都找遍了也没找到她，后来她老公发现了她，赶紧带她回去，当时她浑身已经冰冷，整个人都是麻木的。时日流逝，在经历了前男友来找她、她老公前女友来闹事等一系列“狗血”事件后，她生了孩子，日子才逐渐趋于平静。但是各种债务又让她乏累不已，为了还房贷、车贷等，她和老公开过烧烤店，生意很红火，但是一旦店员有事，从厨师到服务员，所有活都是她一个人干，实在是累得吃不消了，于是就开了超市，日子在磕磕碰碰中继续，现在她生病了，老公的态度让她越发感到炎凉，她说如果时光能倒流，她一定要忠于自己的内心，嫁给“爱情”，一定会在当年结婚那天逃跑，去找她前男友。她的情绪由平静到激动、生气，再到恸哭，我也不知如何安慰，只能默默听她诉说。

婚姻是人类社会一个重要的组成部分，也是人类学家研究的一

个热点问题，在田野中，我也总是听到或者见到婚姻百态。一位回族女性，年龄和我相仿，说她当时找了一个汉族男朋友，家里怎么都不同意，她只好妥协，现在虽然开着店，效益还不错，但是从她的朋友圈里看，我能感受到她过得并不开心。之前做预调查时住在一户人家里，房东阿姨气愤地向我吐槽她父亲，说当年因为她母亲生了两个女儿后生病了，不能再生孩子了，她父亲就去找别的女人给他生儿子。现在 50 多岁的她还有一个 17 岁的同父异母的非婚生弟弟，她生气于母亲待她父亲如故，也生气于父亲经常来找她给弟弟帮忙。我还见到过与我年龄相仿的人，生了四个女儿还想继续生儿子，说有了儿子她老公就能顾家，婆家也会更看得起她，看着四个孩子，我惶恐不已，想要劝说，但最后还是没有开口。2016 年 1 月 1 日起，国家正式实施二胎政策，实际上，二胎政策实施时他们已经有了第二个孩子，但他们不是以此为依据，而是以生下男孩为准，听村里的妇女主任讲，在当地这种情况只能去劝说，也没有其他的惩罚措施。她们的选择，是在特定环境的特殊际遇中形成的，黑格尔说“存在即合理”，我没有类似的经历，就不好随意做价值判断。

2021 年 5 月 31 日，为了进一步优化生育政策，国家提出实施一对夫妻可以生育三个子女的政策及配套支持措施。费孝通先生在《生育制度》一书中讲道：“供给新的社会分子是生育制度的任务”，在西北地区传统的村落社会中，很多人认为生个男孩才能实现传宗接代的使命，才能让父母进行有效的“社会继替”，到底这样的逻辑是否合理，在法理和情理之间，也没有人能说得清楚。三孩政策开放后，城市工薪阶层拒绝的呼声较高，但这种生育制度，在一定程度上，却给农村地区多子多福的传统思维找到了合情合理合法的出口。

“摘村里路边的杏子不算偷”

张　欣

人类学学习者的田野经历，很多都与食物相关，身处他乡，总会有诸多味蕾的冲击和视觉的享受。我的田野点，在西北一个小城边上的村落里，虽离我的出生地不远，很多东西都司空见惯，但从草木发芽到开花结果，在不同的时日里，我还是闻到、尝到了特别的田野的“味道”，不仅仅是食物本身，更是在现代化冲击下，村落里余留的朴素的人情味。

实际上，我的田野点是一个生态移民村落，房屋格局统一规划，每家的院子里都有一个后院，后院里用来养殖和种植，大多数人家的后院里都有几棵果树，或是桃树，或是杏树，或是李子树，还有一些我分辨不出的，这些果树在绿化村落的同时，也会在不同时期长出累累硕果。尤其是杏树，几乎家家都有，杏树品种不同，果实大小不一，颜色也有差别，2021 年 4 月我去村里的时候，杏花满枝头，甚是漂亮，有一段时间天气突变，当雪落下的时候，我还担心这些娇嫩的花能不能扛过这寒冷，后来满枝头的果实说明我多虑了。

除了后院，村民家的大门口也有很多杏树，杏子熟了的时候，我已记不清吃了多少家的杏子，从半熟时的酸甜香脆，吃到牙齿酸软，到最后的一口咬出很多果汁，我品尝了各种各样的杏子。每每访谈，或是坐在大门外的台子上，或是在农户家里，只要有杏子，主人都会热情地摘来让我吃，我也从开始的羞涩到逐渐的“厚脸皮”，边吃边访谈，似乎与“他者”的距离更近了，访谈完毕，我多次收到过他们的一袋杏子，推让再三，我只能带上。有一天，一位爷爷告诉我，这村里路边的杏子，你要是想吃就去摘，这不算偷，这个东西成熟就这么几天，你不吃也就掉下来糟蹋了，我没太在意，也没有去摘过。后来导师带着师妹来田野看我，返回银川前，导师缓缓开着车带我俩在村子的路上溜达，以对村落的全貌进行整体的感知，在村落的尽头，导师看到一棵枝繁叶茂的大杏树，黄澄澄的杏子挂满枝头，10：00 的太阳照得杏子透亮，实在诱人，于是把车停在了路边，我们都想下到路左边的果园里摘杏子，垂涎欲滴，我去找杏树的主人，希望征得同意后再摘，结果门上挂着一把锁，无奈之际，我突然想起那天老爷爷说过的话，“村里路边的杏子你摘着吃不算偷”，而且还看见这棵树下面落了不少杏子，这些杏子是因为自然成熟没及时采摘而脱落的，有的完好无损，有的已经腐烂，落在地上的杏子，让人感觉似乎是一种浪费。此时此刻，有点忐忑的我们也就不客气了，老师和师妹还从车上找来塑料袋，摘了一些杏子带着吃，果园里还有桃树、苹果树、枣树等，以及辣椒、西红柿、茄子等各种各样的时令蔬菜，看着一棵棵桃树上熟透了的桃子，导师说：“我判断他们应该不希望别人摘他家的桃子。”所以我们只对品相诱人的杏子下了手，返回的路上，师妹开心地说：“这一趟没白来”。

路边阳光下的杏树

摘完杏子后，老师和师妹就回去了，我还留在田野上继续做访谈，后来老师打电话询问："我们摘杏子没有给你惹出什么麻烦吧？""哈哈，没有"，我回答说。"摘村里路边的杏子不算偷"似乎是这个被现代化冲击过的村落所剩不多的传统余韵的体现。在老家，人们聚村而居，终老是乡，村子内部，甚至相邻的村落之间，村民彼此都非常熟络，在这个熟悉的生活环境中，人们有"从心所欲不逾矩"的自由，偶尔来一个外乡人，不论认识与否，村里人都会以礼相待，尽心帮助，这一袋橙黄的杏子，让我想起了村里很多老者对我这个“外来者”的帮助，我不止一次听到有老者说“现在的年轻人都不爱听我说这些”，随着信息化的全面普及，年轻人更爱在网络上探索新世界，我的每一次真诚发问，可能在某种程度上让他们找到了“长老”的威信，不管房屋如何变化，生活方式如何改变，社会如何变迁，墙边的石凳上坐着的拄着拐杖的老人，永远是村落中时光沉淀的“符号”，老人深陷的皱纹，像一道道分隔符，一头连着过去，一头引向遥远的未来。

村民送给我的杏子

流动的西红柿

张　欣

我调查的生态移民村落里，每家后院或门前的小园子里都少不了种西红柿和辣椒，家里的老人，尤其爱种菜打发时间，每家的菜园子都没有杂草，收拾得干干净净，没有温棚的保护，这些蔬菜都是顺应季节自然生长。七月末八月初，正是西红柿成熟的季节，每每访谈，村民也会送我西红柿，自己种的西红柿，与我往日在超市买的相比，口味全然不同。村民自己种的西红柿，沙瓤细软，汁水绵密，每次我赞不绝口，家里的主人总会骄傲地向我介绍这是纯绿色无污染食品，施的农家肥，没有打一点农药。

关于西红柿，还有一个有趣的故事。有一天，在村落里碰到一位阿姨，她说家里就她一个人，让我去坐坐，我就跟着去了，虽然素不相识，但是她好像很熟识我的样子，除了讲我想访谈的问题外，她还给我讲了很多关于她们村的事，还有她们家庭发展的事。访谈结束后，她送我出来，说隔壁这家应该有人，你可以进去，我希望她能带我去，她也欣然应允。进去后，这家是一位 40 多岁的女性，

正在家里敷面膜，说做了手术，再不保养都老了。进去的时候，她家地上放着三筐西红柿，还没等女主人开口，之前带我来的阿姨就说给我吃，拿了几个去厨房洗，比自家还熟悉的样子，我吃完后开始和这家女主人聊天，临走时她又找了个塑料袋要给我装西红柿，我不好意思拿，她几经劝说，让我带上，我也只好从命，带了五六个西红柿并表示感谢。出来后，她觉得还有点少，说家里还有好多，她忘记给我拿了，把我拉进去要再给我装一些，我俩一起去她家的小库房，里面有口径大约 1 米、高约 0.5 米的一箩筐红彤彤的西红柿，她又嫌之前的袋子太小，进屋给我找了一个大塑料袋，连同之前的都装在一起，这才满意地让我离去。对这样的热情，我不知所措，只能再三感谢。阿姨说她和这位邻居在老家时就是邻居，彼此熟悉得像一家人，所以在她家给你装西红柿，就和我在自己家一样。回到住处之后，我自知自己吃不完这一大袋西红柿，就分出一半送给了我的邻居。从邻里两家得到的这一袋西红柿，深刻体现出两位阿姨之间多年积淀的情谊，而我把其中半袋送给我的邻居，又进一步增进了我和这位邻居阿姨的友好往来。西红柿的流动，几经转手的“礼物”，其意义也变得丰富起来。

田野调查过去了几个月，有人对我冷眼相待，有人对我的身份几度质疑，也有人热情地接纳我，送我吃的，或者留我一起吃饭，从刚开始被拒绝的崩溃，到最后的坦然，这是一个必经的过程，移民村落，已没有传承数百年传统村落里人与人之间的熟络，而对陌生人的防备之心，我也完全可以理解，不仅对陌生人防备，对一些不太熟悉的邻居也并非完全敞开心扉，就像一位老爷爷告诉我的：“以前在老家都是人亲人呢，现在是人怕人呢。”信息化和现代化对村落的冲击，生计方式的改变，机械化代替人工种植，村民之间的联系逐渐减少，熟人社会到陌生人社会的转变，与之相伴的问题，在所难免。

在不同的时期、不同的地点，田野都有不同的味道。五月，道路旁的沙枣花飘香，每每经过，心旷神怡；六月，田里的黄花菜金灿灿，香味类似百合花，绿叶丛中，昨天没有摘干净的花苞迎风开放，晨曦中采摘黄花菜的妇女来回奔忙，夹杂着黄花菜被折断的清脆的声响，在视觉、味觉和听觉上组成属于这个地方、这个季节特别的画面；十月，路旁枣树上果实繁硕，还有幸得到了村民送给我的各种各样的枣子。在田野期间，偶遇的校友，听闻我们是一个学校的，连忙从自家树上摘了一兜李子——一种当地的水果给我。还有一对老夫妇，执意留我在家吃午饭，浓香的炒腊肉，让我回味无穷。田野的味道，是汲取当地独有的光热条件所产生的自然的味道，是黄土高原上的居民迁移新家后生活逐渐美好的味道，也是浓浓的

西红柿

人与人之间最朴素的信任和关怀的味道。

还未成熟的枣子

枝头的苹果

摘枸杞

张　欣

2021 年 7 月的一天，我依然在田野中行走——以宁夏红寺堡区一个生态移民村为中心。从这两天村道上晒的枸杞来看，应该是枸杞熟了，我特别想去体验一次“摘枸杞”，但是这个村落的房屋与田地之间离得很远，我找不到，就想找个人带我去。最近几天村部开办培训班，我也混入其中，学会了包粽子，还有一些家常菜的制作等，在学习技能的同时也算是参与观察，拉近了与村民的距离。有一天，临时跳闸停电了，培训班的老师组织大家在村委会门口跳手指操，我看天色已晚，想要回去，随口问了一句谁家有枸杞，一位阿姨说她家有十多亩，正愁找不到摘的人，又听她说她家的地离得近，我赶紧说明了意向，并加了阿姨的微信，希望明天去她家地里体验一下摘枸杞，阿姨欣然同意了。真是无心插柳柳成荫，最近我每天都打听谁家有枸杞，谁家有黄花菜，但都因为各种各样的原因未果，今天竟然用这么简短的交流就搞定了，我很高兴，决定明天早晨就去阿姨家地里。

6：00我赶紧起床，简单洗漱后，吃了早餐就骑上我的自行车去地里，中途买了一大瓶水带上，走的时候还带上了一个大饼，我是决定要打持久战了。顺着昨天阿姨给我说的路骑过去，虽然我很路痴，但是天天骑来骑去，对这一段路倒也不陌生，顺着大路骑过去，到了大渠旁边我有些犯难了，村子的旁边就是一条大渠，这是扬黄灌溉的支渠之一，每次经过这里，看着静谧的黄河水经过，总是感慨于它经过扬黄灌溉工程提升300多米，一路风尘仆仆之后的宁静和奉献，它像一条巨龙卧于这片天地间，滋润着这片土地，生长出绿苗、硕果和希望。大渠的两旁各有一条路，靠着村落右侧的一条铺着砂砾，以便通行；左侧的一条是土路，紧挨着田埂，坑洼较多。根据昨晚阿姨给我说的地方判断，通往她家枸杞地的路应该在田埂这边，所以骑着自行车开始了我的“颠簸”之旅，骑到中间的时候，土地变成了虚土，车子一骑就陷入其中无法动弹，于是我就推着车子往前走，还边走边拍照，醉心于朝阳下大片的玉米田，乐此不疲。走过很长的路后，我还是没有看见阿姨昨晚所说的“一大片白色纱网下的枸杞地”，只能打电话求助，电话通了后阿姨说你可以从那个小桥上过来，我这才知道在靠近他们家枸杞地的渠边，有一个小桥，大约一个人能通行，她们一般是从小桥上通过，怪不得我走的那条路自行车都骑不动，看来还是不够了解，在阿姨的指引下，我推上自行车走下大渠，又扛着它经过了一段田埂，在经历了分不清东西南北的瞎闯和寻觅之后，终于到达了目的地。我看了一下时间，此时已经7：30了，昨晚阿姨给我说骑自行车20分钟就能到，我竟然折腾了1小时。

地头上停放着数十辆电动车，还有一对60多岁的回族老两口开着小轿车来摘枸杞，他们戏称自己“连油钱也挣不来”。此时地里已

经干得热火朝天了，大部分都是妇女，有的带着小孩，一人拿一个塑料桶，熟练地摘着鲜红的枸杞，地的主人一边摘枸杞一边观察摘枸杞的人，有没有漏掉小果子，并一边喊着“姐姐，亲戚，你把这些小的也摘了啊，不然下次摘的时候这些就是坏果子，影响价格呢”。先前我只见过超市特产店里处理好的枸杞，在其他地方看见枸杞树，也只是路过，并且因为季节不对位，树上并没有果子。今天见到大片挂满红果的枸杞地，强烈的视觉冲击让我好奇不已！找到阿姨，和她在一棵树上摘，边摘边聊天。她说“我今天5：00 就起来了，5：30 就骑着电动车出发了，在前面那个路口喊人，有愿意摘枸杞的就来我家地里摘，不到 6：00 我已经来地里了，家里两个娃娃要上学，都没考上大学，上的是私立学校，学费高，花费大，种这个真是把人苦死了，一遍一遍的，好麻烦，我家邻居都说这十几亩枸杞能挣多少钱，我说你来种一年试试，看成本多少。这果子摘了拉回去要赶紧用碱水淘，碱也是凭感觉放着呢，放的少了枸杞就黑了，放的多了就发白，都卖不上价，要是明天、后天是大太阳还好，就可以放院子里晒干，要是天气不好，枸杞直接就成个黑蛋蛋了，白送都没人要，所以还要拿到烘干房里烘干，烘干 1 斤要两块钱，又得 2000 多（元），烘的时候也愁得很，那个架子太高了，拿上去取下来，人吃力得很，这个东西不好种，有的人种上都挖了。”阿姨一边诉说一边给我找了个小红桶，也让我加入其中，“看你今天能摘多少”，我欣然同意。

我观察后发现，看似摘枸杞的人都凌乱分布在地里，其实凌乱之下有秩序，一个人对准一行枸杞，或者是一起来的相熟的人对着一行枸杞，必须把一棵枸杞树摘干净才能摘下一棵，不然摘乱了会影响进度，摘满一筐后，她们会喊枸杞地的主人来称斤，地头上放

着三轮车，三轮车里放着黄色的类似水果筐的筐子，用以装摘好的枸杞，还放着一个台秤，谁的桶满了就倒进筐里，现场称斤后直接给钱，摘1斤1块钱的工费，一大桶大约25斤，我拿的小桶有10斤左右，在现金的刺激下，地里干得热火朝天。

刚开始我还觉得红彤彤的小果子很可爱，摘起来趣味十足，也是因为没有太阳，凉风习习，觉得颇为惬意，到了10：00左右，我已觉腰酸腿疼，因为一会儿站起来，一会儿蹲下去，到11：00的时候，太阳出来了，没有一丝风，闷热闷热的，我感觉自己已体力耗尽，8岁的小朋友也没了兴趣，他说已经摘了“11块钱”了，够吃雪糕了，不摘了。熟知的妇女则早都做好了持久战的准备，带着小凳子，戴着帽子，围着围巾，还戴着口罩和手套，全副武装。在地里我也碰见了几位“熟人”，在村里晃悠了两个月，很多人对我已经不陌生了，这个过程真是不容易。中午，枸杞地的主人买了水、西瓜和馒头，当作午餐，我双手沾满土，她们很照顾我，递给我西瓜和馒头，然后有位阿姨还说了一句：“丫头赶紧吃，不干不净吃了没病。”我也同他们一起吃得很开心，约莫几分钟后大家又四散开来，继续劳作，我已困乏无力，坐在田埂上不想起来。地里有沉默只顾摘的，有边摘边打电话操心家里孩子的，有相互聊村里八卦的。有位男子说要称点鲜果，鲜果要带后面的尾巴，不然容易坏掉，他自己摘了一会儿已经扛不住了，旁边的阿姨帮他摘，边摘边调侃说要5块钱手工费，他不愿意赶紧提着桶子走了，引来一阵笑声，走后不免有了一些议论，“你看那牙龇的，一点不像个男子汉”，“今天这地里来的都是体验生活的，来了一群秀才”，相互交谈中伴随着一阵笑声，吃了西瓜和馒头，我感觉还能继续，便又摘了起来，边摘边和她们聊天，旁边一位60多岁的阿姨说：“丫头赶紧回去，念书就是为了不受苦，你在这儿受这苦干啥?”我笑着说：“我要和你们一起回”，结果天气越来越热，我感觉自己要中暑了，15：00多的时候决定返回。我摘的枸杞，在我的再三推让下，阿姨硬塞给我18块钱，她说你辛辛苦苦摘的，这钱必须拿上，从7：30到15：00，我挣了18块钱，真切体验到了体力劳动的不易。当电动三轮车里放满枸杞的时候，叔叔就拉回去晾晒，不然天气太热会捂坏，我和阿姨沟通希望去她家看一看，问了门牌号后开始返回，阿姨给我指了一条路，说车子可以骑到大路上，我顺着她说的方向，骑了好远的沙路，高低颠簸，才到油路上，好在返回的路上下坡路较多，我已经没有力气骑自行车了。

回到住处，浑身像散了架，脸也晒伤了，一阵阵发烧，我赶紧处理了一下，稍作休息，又骑上自行车去找她家的位置，在村子的各个巷子里转了好久才找到。她家门口有位老奶奶在看护枸杞，院子里、大门口都铺满了枸杞毡子，毡子是特制的专门用来盛放晾晒枸杞的容器，长约1.5米、宽约0.5米，边上有沿，防止枸杞掉出，一个个盛满枸杞的毡子有序排开，通红的一大片，甚是壮观。老奶奶耳朵不好，听不见，阿姨和叔叔都在地里，我拍了一些照片准备返回，老奶奶给我抓了一大把没有泡过碱水的枸杞，说这个能吃，让我吃，我带上并谢过，然后就返回了。回来后我给阿姨发微信，告诉她烘干枸杞的时候早点给我说，我要去看看，第二天早上她才给我回信息，说昨晚一直忙到第二天零点多。昨夜大风呼呼吹得旁边的大门咯吱咯吱响了一夜，半夜惊醒还担心她家的枸杞，阿姨从5：00到第二天0：30，一刻也没休息，饭也是随意解决的，还要担心天气的好坏，真是不容易。

人类学强调“参与观察”，有时候，“参与”比“观察”更考验

硕果满枝头

摘枸杞

研究者的眼力、体力和脑力。摘枸杞后的几天，身体的乏累时常让我想起他们的不易，看似简单的劳动，真正操作起来，却需要巨大的耐心和耐力，这18块钱的收获，足以让我铭记一生。对没有出过校园的我而言，田野的经历，不仅仅是撰写博士学位论文的需要，更是让我学会如何交往和交流，如何面对拒绝和挫败。聆听村民们讲述他们平凡又伟大的生命历程，体验一波三折的田野故事，在“他者”的世界里认知自我，在荒诞的遭遇中理解文化，便是我最大的成长和收获。

丰收——晾晒的枸杞

采摘黄花菜

张　欣

黄花菜，又名萱草、忘忧草。有诗云“不觉东风过寒食，雨来萱草出笆篱”，这是一种充满诗情画意的植物，花期 40 天左右，花苞经过处理后可食用，味道鲜美，营养丰富。在我调查的村子里，黄花菜是一种重要的作物。2021 年 4 月，我和一位大叔去地里看他们如何浇水时，看到像韭菜一般的黄花菜叶子已经长出 20 多厘米，因黄花菜是多年生植物，发芽较早，所以周边的田地还没有播种的时候，黄花菜已经绿意盎然，显得格外醒目。大叔告诉我，黄花菜的花期在阳历 7 月、8 月，到时候可以看到大片漂亮的黄花，我心生期待。后来每次经过村子边的大渠，我都能看到黄花菜的叶子比之前大了不少，到 5 月底的时候，黄花菜中间开始抽出枝条，类似韭菜中间的韭菜薹，一位路人告诉我，黄花菜就是在这上面结花苞的。

正是黄花菜采摘的季节，村里巷子两边平坦的道路上、一些农户家的院子里都铺满了采摘来的黄花菜，我想，此时地里大片的黄花菜一定很美，决定前去一探究竟。一日下午，房东阿姨带着小孙子在门口坐着聊天，不经意间，我知道了她每天早上都去别人家地里摘黄花菜赚钱，我希望她能带我去。她说："摘那个很辛苦，又晒得很。"劝我别去，我说："没关系，我想去体验一下。"她说联系好了后给我说，后来过了好几天，她也没有带我去的意思，我又主动去问，结果她说："我问了，人家说今天就开着个小电动车，人坐满了，拉不上你，我天天坐都把我挤的，那远得很，七八里路呢，还是那个沙路，不好走，你赶紧别去了。"我无奈，只得再找合适的人带我去，有一天傍晚，我本是去找一位老爷爷，结果遇到他家的邻居，家里种了20多亩黄花菜，我说我想去看看，叔叔和阿姨爽快地答应了，我加了叔叔的微信，让他明天早晨去地里一定给我发个定位，然后我就回去了。

2021年7月7日，我不到6：00起床。一看手机，叔叔已经在大约5：40的时候给我发来了定位，简单洗漱吃了早餐，就骑上自行车顺着叔叔给我发的定位前往他家黄花菜地。先是沿着村子中心的公路骑行，拐过一个十字路口的时候，眼前豁然开朗，晨光下，道路左右树木繁茂，大片平阔的土地，玉米竞相成长，道路旁五颜六色的蜀葵花（一种植物）竞相开放，远处隐约能看到罗山，那是移民的故乡。骑了一段后，我看到道路中间印有"最美乡村公路"的字样，这条路确实美景如画，有"千年旱塬"之称的红寺堡，如今在黄河水的滋养下、在移民勤劳的双手中，已披上了繁茂的绿装。骑行大约25分钟后，我遇到了一个十字路口，这是338国道和我骑行的这条"最美乡村公路"的交界处，各种各样的大货车排成长龙，十几辆车组成车队，连续经过，虽是绿灯，我也骑得战战兢兢。经过红绿灯后，导航提醒我到达目的地了，但是举目四望，还是看不到黄花菜的影子，于是我把自行车停在路边，去周边的田里找，也

没找到黄花菜，只好给叔叔打电话，结果打了四五次都没有接听，就在附近来回折腾了几圈，也没有找到，我无奈了，不知道导航出了什么问题。既然找不到，我就继续骑着自行车往前走，想着既然来了就不能轻易回去，万一有意外的收获呢！

又骑行了大约10分钟，透过路边的树林，我看到有一家地头上停着大约20辆电动车，以我之前摘枸杞的经验来看，这家不是在摘枸杞就是在摘黄花菜，车多人也多，应该是安全的，所以我就从小路上拐到这家地里。果然，过了小树林，就是大片的黄花菜地，一股类似百合花的香味袭来，我庆幸自己没有放弃！地里20多位妇女在采摘，她们各自在腰间用布条绑着一个塑料桶，麻利地从花枝上摘下成熟的黄花菜，干得很起劲，只听得黄花菜摘落时叭叭作响的声音。我找到地里的主人，是一对中年夫妇，我讲明了我的来意，他们也答应让我跟着摘。但是看她们采摘的速度，我这个“门外汉”肯定跟不上，所以就去一位正在采摘的阿姨旁边跟着她，她教我怎么摘、摘哪种，我摘的黄花菜都放进她的桶里，算是给她帮忙了。阿姨说：“我们早上来得早，不到6：00就到地里了，这东西要早摘，只摘快要开但又没开的花苞，花开了就不能要了，没有营养，贩子也不收，摘1斤的手工费是8毛钱，这东西长得快，今天摘了一茬，明早又有一茬，一共连着要摘40天左右呢！速度快的人一早上能挣大概100多块钱，速度慢的人就挣几十块（钱），中午太阳大，花就开了，不能要了，所以要赶中午把这一茬摘完。”我跟着摘了一整行，大约用了1小时，从这一头摘到那一头的时候，手上已经沾满了黄花菜的黏液，还有一股奇怪的味道。在地的另一头，隔着另一片黄花菜地，我看到了一块平坦的水泥地，阿姨说那是人家专门弄的晾晒黄花菜的场地，我走过去想要了解他们是如何处理鲜黄花菜的。

走近一看，这块水泥地上晾晒着加工好的黄花菜，水泥地的另一头有一个锅炉，三个 20 岁左右的男子守着这个锅炉，35℃以上的高温再加上锅炉的温度，热得他们脱掉上衣光着膀子干，地的主人告诉我这是在蒸黄花菜，刚采摘下来的黄花菜要赶紧蒸，不然就坏掉了。我观察这个设备也比较简易，把黄花菜铺在同样规格的木制容器内，那个容器大约 1 米长、半米宽、20 厘米高，黄花菜铺好后一层一层摞起来，上面盖上透明塑料布，包得严严实实，下面有一个管子，特制的锅炉靠煤炭生热，上面有加水的地方，水蒸气通过管道输送到刚才包好的黄花菜里，大约蒸制两个小时，黄花菜的水分蒸发干，颜色由之前的鲜黄变成一种黄褐色，然后铺在水泥晾晒场上自然晒干，这才形成了我们在超市里见到的黄花菜。

采摘黄花菜

花海

村子路旁的蜀葵花

在蒸黄花菜的地方，放了一个秤，地的女主人时而在地里忙碌，时而守在秤旁，谁的桶摘满了，就提到秤旁称斤并结账。有位妇女把桶里的黄花菜往秤上的筐子里倒的时候，撒了几个，旁边烧锅炉的男子捡起来放进筐子里，并调侃说："这也是你辛辛苦苦挣的一分钱，不要掉了。"快12：00时，20多亩的黄花菜已经被这20多位妇女的脚步丈量了一遍，大家带着一早晨的收获离去。地的主人还在锅炉旁边继续蒸黄花菜，叔叔给我说："天气好了还可以，蒸完直接晾晒，干了收好就行，要是下雨就很麻烦，要拉回去蒸好了放到房子里面晾干，稍不注意就发霉了，这个东西不好种，麻烦得很，现在的人都不愿意摘了，嫌苦得很，我光找人摘就很费劲，今天一早上的人工费就得3000来块钱，成本也高得很。"

晾晒中的黄花菜

虽然没有找到昨晚联系的叔叔，但是，我还是达到了我最终的目的，体验到摘黄花菜的不易。因为有稳定的灌溉水源，移民才能尝试种植新的品种，有新的收获。移民整体的感受是，现在虽然种地也辛苦，但只要种了就一定会有收入，不像以前靠天吃饭，辛苦一年，颗粒无收也是常有的事。我突然想起村支书给我说的一句话："来到这个地方后，所有真干的，没有一个不好过的。"的确，付出就有收获，是移民搬迁最重要的意义之一。

“投机倒把”卖辣子

张　欣

20 世纪 60 年代，中国施行集体所有制，有一位马爷爷告诉我，当时在老家，一个村子是一个小队，几个村子是一个大队，集体劳作，每天有会计算工分，到了年底把所有的收入算在一起集体分红，一个劳动日算 10 个工分，有时候如果请假或者干得不好，队长没有验收过去，一天只能算七八个工分或者更少，收成不好的年景，10 个工分只能分到两毛多钱，有时甚至更少，那时候家里人多，根本就不够用，家里最多能养两只羊，养两只以上就要被集体收走，每家的日子都过得紧巴巴。那个时候也不让做生意，一旦被集体发现，就说你是“投机倒把”分子，但是日子又没办法过，家里有老人要照顾，所以他就想了个主意，开始“投机倒把”卖辣子。

2021 年 5 月 19 日清晨，马爷爷在他家里给我讲述了这个精彩的故事。

那个时候，我们家距离（宁夏）中宁县城要 200 来里路，

我先去中宁县城把干辣子买来，当时是一斤一块钱，偷偷拿到屋里，等半夜别人都睡了的时候，我们两口子就起来，偷偷把辣子拿到碾子上，把毛驴套上碾成辣面子，再把盐也拿到碾子上碾，碾得细细的，跟辣子和到一起再碾，一斤辣子掺半斤盐，掺到一起碾就看不出来里面掺了盐，因为盐便宜，又压秤，那个时候就想着多赚点钱。记得当时我还有个大梁自行车，我们两口子晚上磨上七八十斤辣子，磨好装好，再把碾子扫得干干净净的，那个时候都是集体用的碾子，不能让人看出来我晚上碾过辣子，快天亮的时候就做好了，也来不及睡觉，我就把一大袋辣面子绑到自行车上，骑着自行车去中宁县城。记得清楚得很，我骑到老家与中宁交界的那个地方，有一个穿着短袖、戴着手表的人，一看就是个干部样子，我问几点了，人家说12：00差几分，我骑到中宁县城把辣子卖完，往回返的时候也是差不多的地方，又遇到了一个干部样子的人，我问几点了，人家说14：00多，那个时候路上有人挡呢，我骑得飞快，在县城更不敢多停留，那个时候卖辣面子，被抓住你就是“投机倒把”，要受处分呢，你想来回400里的路，我早上天不亮就走，赶太阳落山就回来了，现在给谁说都不相信，现在的人骑摩托车都不行。那一趟我记着挣了七八十块钱，那个时候的钱值钱，七八十块钱能解决问题呢！不过后来也是被人告了，在集体大会上批评，没有点名，我也就悄悄地不敢说话。那个时候，真是眼前的路是黑的，你不知道明天是啥样子，人都忙着顾好今天，能吃饱肚子就很高兴了。

“投机倒把”卖辣子的故事，让我忍俊不禁，马爷爷讲述这个故事的时候一脸平静，有时还哈哈大笑，但是把时间拉回过去，又让人心酸不已。在那个年代，人的劳动强度被不断拉大，为了当下的生存已经倾尽全力，更无从谈未来如何。后来，我在偶然间听到两位老爷爷的谈话，一位说儿子嫌弃他，说他没用，“辛苦一辈子还是什么都没有，还不如我出去两年挣的家底”。另一位老爷爷怒了，说你把他放到咱们那个时候，估计他都饿死了。的确，在时代洪流的裹挟中，个体的力量其实非常渺小，每一个人的成长和发展，都与其所在的时代息息相关，过往的辛劳给经历过的人烙下了深刻的身体记忆，从贫穷年代走向小康社会的人，他们总会感叹于“从来没有想过会过上这么好的日子”，对于当下，他们更多的是感恩和感念，聆听他们的讲述，我更深觉身处这个时代的幸福和幸运。

邻家的争斗

张　欣

我在田野的住所，是一家人专门盖的给别人出租的房子，这排房子门口紧临着一条马路，马路的对面也是一排房子，我所在这一排房子的最右边，有一间小丽（文中为化名，下同）商店，对面的一排房子里，从左到右依次是一家胖子商店、一家小花麻辣烫店和一家晓刚熟食店。有一天9：30，我正在房子里做PPT，突然听到外面一阵喧闹，于是我揭开门帘探着头看了一下，此时，对面的人越聚越多，只听见谩骂声和指责声一浪高过一浪，我以为是夫妻吵架，也没有去围观。因为是我住所的正对面，顺着窗户看过去，马路对面的一切都能看得很清楚，一位较瘦的年轻男子在殴打对面小商店的男子，那男的气势汹汹，先是推搡，后来直接脱了布鞋打小商店的那个男子，打人者虽然体格较瘦，但是力量占上风，把对方推倒在地，用鞋底狠狠地打脸，旁边有四五个女的在互骂和拉扯，我从没见过这种场面，吓得莫名心跳！在推打的过程中，骂声也一浪高过一浪，除了难听的脏话，根本听不清在骂什么，后来我看到对面

熟食店里的女店主也加入其中，平时温和瘦小，吵起架来却丝毫不输，指着对方劈头盖脸地骂，场面也逐渐失控，后来演变为两个家庭的互殴，围观者有20多个人，两家厮打在一起又被拉开，吵一会又厮打在一起，一直持续了近一个小时，直到双方精疲力竭，惊动了公安局，风波才平息。

我在小说和电视剧里见到过这种场景，但远不及亲眼见到的冲击力强，我原以为是小两口打架，女方娘家人赶来支援。过了几天，我去对面麻辣烫店买吃的，便忍不住问店里的姐姐，才得知这并不是简单的家庭矛盾，而是一场“商业争夺战”。那位姐姐告诉我事情的原委，她旁边的胖子商店卖一种当地特有的面条，卖得不错，我所住这排房子旁边的小丽商店也开始卖这种面，于是影响了胖子商店面条的销售量，胖子商店里的主人便给做这种面条的人打招呼，不要给小丽家批发面条，否则就不给他还之前欠下的7000块钱，还对小丽商店的女主人出言不逊，恰好这一段对话被晓刚熟食店的男主人听到，小丽商店的女主人是晓刚熟食店男主人的姐姐，无意中听到胖子商店店主说的话，加之批发面条的人也确实不敢再给他们批发，晓刚熟食店的人非常生气，于是就引发了这场斗殴。我恍然大悟，怪不得吵架时，晓刚熟食店的女主人也气势汹汹，原来看似都是租的房子，内部关系却很复杂。小花麻辣烫店的姐姐说都是邻居，抬头不见低头见，自从上次打架后，她都不知道该上哪家买东西，就干脆骑上电动车去街上买，看来这场争斗也没有赢家，他们在互殴的同时，也失去了很多顾客。

又过了几日，一天傍晚，我旁边的几家邻居在外面聊天，我也凑过去，我旁边小丽商店的阿姨也在，阿姨每天4：00多起床蒸包子，卖给旁边小学的学生，也解决了我的早餐问题。那天她说明天不能蒸了，有人告她手续不齐全，然后就用脏话暗示是对面胖子店里的人专门针对她的。第二天早晨，我被一阵音乐声惊醒，6：00刚过，她就放开了音乐，并故意把声音调得很大，然后用货架把各种面包、牛奶摆出来在门口卖，大有向对面挑衅之势，我看小学生和家长都围过去买早餐，这一招确实有效，不过两家的矛盾，看来只是表面平息了，实际上还是暗流涌动。

隔壁的老奶奶并不知道事情的原委，有一天纳凉时，大声说道："人家这家店里的生意比对面的好。"听闻的人不知如何接话，也怕议论别人的事被听到，又惹起祸端，房东阿姨赶紧岔开了话题。我已经离开田野，后续如何也未可知，田野中不乏温情，也不乏荒诞，学习人类学，"理解他人的理解"，让我更懂得感恩生命中遇到的善良、温暖和包容，同时也接受在无可奈何时，人性的妒忌、私惘和傲慢。

在田野中我住所的对面店铺

在田野中的如厕经历

冯雪红

每一位学者在田野调查中总会经历各种各样的厕所体验，见识各种各样的厕所样式和厕所环境，但是这部分内容却极少出现在学者正式出版的学术著作中。这种让读者好奇的经历，让作者难为情的内容，似乎是一种社会禁忌。然而，作为一名从事民族学、人类学研究的学者，做田野调查是必须的，在田野中需要解决的一些基本问题更是首当其冲，“上厕所”的问题即为其一，尤其对女性而言，相对较难。

我在田野中最早的厕所体验源于新疆，那是 2008 年 7—9 月，为完成民族学专业博士学位论文，我第二次前往新疆喀什地区疏附县阿村①进行关于维吾尔族妇女婚姻的田野调查，田野中的厕所经历至今记忆犹新。阿村是南疆的一个维吾尔族村落，村里上厕所大致有三种去处：自建的旱厕、房屋周围的田地和圈养牲畜的地方。条

① 此处阿村为化名，出于田野伦理要求，将真实村名隐去。

件比较好的人家在院落里看得见的僻静处建有一个土质的小厕所，通常只有一个坑位，坑有一米多深，属于旱厕。虽然家家户户有很宽敞的院落，但是大多人家并无厕所，房前屋后都有一些空地，屋后大多种着棉花、玉米等农作物，房前则种着杏树、无花果树、石榴树等果树，在调查过程中很多时候想上厕所时，受访的主人会把我指向自家房屋后宽阔的田地边，就地解决，四周虽有围墙，每每这种时刻总是提心吊胆，担心有人会沿着墙边走过来。还有一种奇葩的去处，我至今百思不得其解。也就是 2008 年 8 月 13 日，傍晚时分，我和翻译在一位 28 岁已有两次婚史且略有恋爱经历的妇女家结束了一天的田野工作，临别前我想去她家的厕所方便一下，她的小孩给指了方位后，我推开一扇铁丝网制作的一米多宽的小门后便走了进去，谁知一进去，那里面的驴子就奔过来了，紧接着后面的一头牛也跟着向前跑来，似乎跟在驴后面朝门这边“飞行”，吓得我进去也没顾上行动就又跑了出来。在返回途中还和 40 多岁的女翻译调侃，如果这故事讲给同学们听，还不知她们如何演绎。这位受访人家所谓的厕所，是圈牲畜的地方。

而在甘青涉藏地区开始做生态移民问题田野调查时又是另一番不同的体验。起初，为了选择和确定田野点，2014 年 7 月下旬，我和青海民族大学的三位同人换乘长途客车和出租车跑了 7 个县，其中，在甘南碌曲县的“上厕所经历”未曾从记忆中抹去。到碌曲县城当天下午，由县民宗局一位 30 多岁的男干部开车带领我们考察，返回时天色已晚，到县城时已是晚上 10 点多了，回来后第一件事就是找厕所，刚好那天停电，黑灯瞎火，来回折腾，最后终于在一栋办公楼的四层找到了洗手间。事后那位风趣而又健谈的年轻干部颇有些责怪地说：“你们这些大学来的教授怎么这么秀气，一路上为什

么不说，我们这里只要没人的地方到处都是厕所。”言外之意，其实就是在返回途中，只要我们吭一声，他就会把车停在路边，找个有树丛或杂草的隐蔽处就地解决。但在当时，我既不了解也不适应这种情形。

2014 年 8 月中下旬，在从青海西宁走向果洛藏族自治州玛多县的路上，随着我们的客车渐行渐远，海拔也不断升高，我们不时有意识地用下载的手机软件测试路经之地的海拔，最高的地方海拔 4300 多米，基本上没什么异常的高原反应，只是在经过距县城还有 60 多千米的花石峡站时，我的身体起了一点意外的变化。在花石峡暂停时，很多乘客下车解手，我随着人流走向了女性的一边。在路边一个坡底下解手之后，我随即从坡下小步跑到公路边上，又从路的这边跑到路对面我们的车门前，就这瞬间工夫，我顿时眩晕，四肢发软，感觉身不由己，急不可耐地要上车，上来后我赶快回到自己的座位上倾斜躺了约 10 分钟，才又慢慢恢复正常。原本想着下车“方便”一下，顺便呼吸一下新鲜空气，但是这里不比内地，根本不是自己想象的那样，停车之处到坡下也就四五十米，仅仅小跑了几步，差点晕过去了。只是“上了个厕所”而已，却是从没有过的要命的体验——典型的高原反应。

2015 年 8 月，我们乘坐大巴从甘肃夏河县到青海同仁县的路上，大巴中途停车让乘客上厕所，车上有一对年轻夫妇是南方来的游客，下车后发现根本就没有厕所，大家都是在附近找一处偏僻的角落解决，闲聊几句相熟后，与我同行的一位男生和南方来的那位男士就找了一个远离大巴车的角落去解手，男士的妻子则与我相互照应着在一处墙壁与土地形成的低洼处方便。在前往另一个田野点——地处青海同德县果洛新村的路上，我们曾在泽库县城停留一两个小时，

午饭后，大家都需要上厕所，一路询问，最终在菜市场后面找到了一个公共厕所，路上正巧碰到一位女游客，她抱怨当地的厕所卫生环境之差让人难以忍受，消减了人们的旅游乐趣。而这个公共厕所环境也着实不好，厕所门口就是垃圾堆，苍蝇乱飞，各种气味相混合，人们皆捂鼻前行。厕所里则是厕纸满地，几无立足之地。相比之下，青海泽库县和日镇小旅社内的厕所算是较为人性化了，在屋外走廊尽头的杂物间，旅馆主人开辟了厕所，只有一个坑位，厕所很深，一眼望下去感觉有三四米深。起初我很好奇如果厕所堆满了如何清理，现在似乎才明白厕所之所以挖掘如此深度，就是为了不用像农村传统的厕所那样需要淘粪清理，毕竟在牧区时原本习惯于游牧生活的他们并没有那样的一整套循环体系。也因此，同样搬迁到甘肃夏河县桑科新村的定居牧民才会抱怨院子里的厕所气味太大，因为虽然修建了旱厕，但是却没有教授清理方法。在果洛新村，我们暂住在路边一户生态移民人家开设的旅馆中，旅馆在二楼，一楼则是商店。楼后有一片空地作为院子，院子里蓄养少数牲畜，同时建有两间旱厕，但没有男女之分，可能是因为附近路过住宿的司机客人较多，一间厕所不够用。厕所无门，门边放着一个半人高的木质挡板，人们上厕所时就把挡板立起来，一方面阻挡视线，一方面表示厕所已经有人。当然，厕所里的粪便早已经堆成了高高的金字塔状。到了晚上，厕所及其周围黑黢黢的，万籁俱寂，流浪狗时不时会出现，而且有些是藏獒，睡觉前我想上厕所时，根本不敢独自过去，因此，同行做田野调查的两位男生陪我一起去，我在距厕所七八米处的地方就地小便，他们则在距我大约 30 米处的地方背对我站着，地上随意生长着杂草，这种情形着实有点难堪，幸好我们在这里只停留了一周。与此类似，我们在青海玉树藏族自治州称多县做田野调查时住在县城一家名叫“雪域宾馆”的二层旅社中，屋子里没有洗手间，旅社对面很近的厕所无门无顶，四围用土坯搭建，只有一个坑位，男女共用，上厕所时就把立在墙边的木质挡板立起来。概而观之，我们在甘青涉藏地区做调查时，所使用的厕所全都是旱厕，除了宾馆，其他地方很少见到水冲式厕所。

而青海称多县清水河镇（海拔 4432 米）生态移民点，只有一个一人用的小厕所，尤其男性还是像牧区一样习惯于在外面的墙角屋后方便，因此村子里随处可见牲畜和人的粪便，充斥着牲畜和人的粪便混合的气味。比较尴尬的是 2016 年 8 月在清水河镇的经历，每天访谈临近中午收工时，首要的问题就是找厕所。有一次，好不容易看见了远处一块空地的屋外拐角处有一个简易的厕所，我便急匆匆从外面围着一大圈铁丝网的下面钻过去，准备一路小跑去上厕所，结果不知何故，刚一过去就打了个趔趄，踉踉跄跄，身体直接朝前栽倒在地，到今天我也没想明白怎么会这样，心里一直琢磨，可能是高原反应吧，从铁丝网下钻过去后不好立马站稳。

在清水河镇做田野调查时，还亲眼看到过当地藏族妇女穿着藏式长袍蹲在垃圾堆边解手的样子，起初我只是好奇她蹲在那里做什么，直到妇女走后地上留下一摊水渍，我才意识到人家是在解手。这一点与民国学者杨希尧在《青海风土记》中所记述的青海藏族人大小便的方式相一致：“在一顶帐房里，合家大小全住在一处，不分什么寝室厨房，至于茅厕等不重要的再是没有了。因为吃了酥油、炒面，非常火大，……大便是隔好些日子一回。地点多在山凹。小便的地点，只要帐房外边，到处都可。妇女格外随意，因为她们不穿裤子，往地下一蹲，衣服大襟便遮住了下体，在我们面前，常常撒尿。起初见了，觉着很怪，日子久了，也就司空见惯。最可笑的，

往往有些懒婆娘，连蹲也不蹲下去，站着揭起大襟小便，淋漓满腿，似乎不觉着湿。男子因为穿着裤子，衣服穿得又高，所以小便时，不能不躲躲人了。”[①] 在清水河镇，牧民定居点中央有一大片草地，村民们依然保持着在牧区时的上厕所方式，尤其是男性，避过或背对行人随地就把“小便”解决了。眼见为实，甘肃玛曲县尼玛定居点的情况基本与此相同。

总之，2014—2018 年，在甘青生态移民点持续的田野调查中，印象深刻的是很多村民的院子里没有厕所，一些移民点上建有公共厕所，但是公共厕所的卫生环境往往较差。因此，厕所成了移民搬迁后日常生活需始终面对的难题。同样，在田野中行走，我们每天需要解决的难题是找厕所、上厕所而非吃饭，尤其女性，更难解决。

---

① 杨希尧：《青海风土记》，新亚细亚学会，1933 年版，第 31—32 页。

田野必须求真吗？

郑佳琪

2021 年 7 月 13 日，一早就计划好的暑期田野之行，真的从一起床就和计划好的不太一样。我晚起了 45 分钟，所幸并没有耽误出门的时间，行李箱早在昨晚就整理好了。和师妹约好在校门口见面，然后到学校北侧的宁夏旅游学院对面公路边等旅游班车前往我的田野点——宁夏贺兰山国家森林公园，事实却是到了站点得知大巴将近 10：00 才开过来，还可能已经坐满人了，在拼车司机的再三“劝说”下就坐了他的面包车，车上除了我和师妹去苏峪口之外，还有一对去岩画的情侣以及去滚钟口[①]爬山的老人带着他的小孙子。

之前就听一位司机说过，滚钟口和苏峪口都是爬山的，区别在于苏峪口树多、名气大、外地游客多，滚钟口一般只有本地人知道。为了去滚钟口景区，司机选择了此前早有耳闻的网红路段，听他细说才知道，这最短命的“网红路”只火了七八天，所谓“网红”就

① 滚钟口，位于宁夏回族自治区贺兰山中端东麓，为贺兰山胜境之一，是西夏王陵风景名胜区的一个重要景区。

是人工造景，在路中间黄色实线的左边加了一条红线，右边加了一条蓝线，在一个什么520千米的地方立了一个“银川520”的牌子，很多人都来驻足拍照，由于妨碍交通，被交警拆除了，按司机师傅的话说就是“小口子的领导想出来的呗，那个景点游客少”，俗称的“小口子”就是滚钟口，在“彩虹路”结束的地方正是滚钟口景区大门。

老人带着小孙子下车后，车子继续往前开，听着司机介绍再往前走就是另一个更小的景区——拜寺口双塔。它属于全国重点文物保护单位，是迄今为止保存最为完整的西夏佛塔，距今近1000年历史，是中国佛塔建筑史上不可多得的艺术珍品，具有很高的西夏考古、建筑、佛教的历史文化价值、研究价值和观赏价值。上次去移民村听村主任介绍，这里曾经也是他们的“家”，有很多古遗迹，还有一些村民们的老房子，只是近几年拜寺口关闭了，只有一些调研人员可以申请进入，村民曾经被找去当过导游。但按司机师傅的介绍，这里还是景区，但景点和游客都少得可怜，几乎没人去，可看的只有一个双塔，曾经有108座塔，完整保留下来的只剩这两座。可此番说词与我之前在宁夏贺兰山博物馆看到的介绍并不一致，官方资料中没有显示108座塔之说，但又有说法称，拜寺口原名“百寺口”，只因此处曾有100多座庙宇，这样一想，108座塔确实也并非空穴来风。

司机师傅又向车上的乘客介绍，这山脚下原来都有人住的，后来保护环境，就让他们搬走了，我便搭话询问，和师傅攀谈起来。

问：“都搬到哪里了？”

答：“哎呀，就这影视城附近往下走，说是当时给盖的房子，屋里都买的新家具，那都不愿意搬呢。”

问：“为什么不愿意搬啊?”

答：“人家在山上住的时候，家家几百只羊，那时候周边（的人）都没他们有钱，下来哪有地方养这么多羊啊！都给别人搬穷了。我们当时在这边跑活，馋了就上山抓羊去，那一家几百只，丢一只谁也不知道，我们抓回来宰了就吃了，哎呀，山上那羊确实好吃。”

搬家搬穷了，这有点言过其实。此后，我们前往移民村才得知，盖的房子需要自己掏钱买，也没有买好的新家具，大家不愿意搬，很大一部分原因是新的居住地房子并没有按时建好，急忙把人搬下去，都住在大荒滩里，眼睁睁等着新房子盖起来，不通水电不通路。这么说似乎很没有说服力，但村民描述的一个细节足以证明，就是附近镇上的方便面全被他们村的移民买断货了，当时没有热水就走几千米去打井水来泡，住了几个月，人没粮食羊没草，人瘦了，羊也瘦了。至于置办新家具的事是怎么回事，就不得而知了。

一路聊着就到了苏峪口，本来想着坐旅游班车可以省点路费，现在看来坐小车还可以和司机聊聊天，说不定就会聊到一些值得挖掘的信息，还是很有意义的。下车后，与停车场旁早已熟络的小店主打了招呼，便拖着行李箱去了宁夏贺兰山国家级自然保护区管理局苏峪口管理站科研楼二楼的一间小宿舍，拿出一把钥匙，在师妹期待的目光下打开房门。

说起这间我们即将居住两个月的小屋，也是“意外之喜”。一天前，我一个人拿着贺兰山管理局的介绍信，本想入园后直接去山上的松涛山庄商量住宿费的问题，但到了售票大厅得知，贺兰山管理

局的通知并没有下达到苏峪口管理站，需要我拿着介绍信去管理站协调，管理站就是售票大厅出门左转的那栋办公楼。然而不巧，由于我中午到来，正赶上管理站工作人员的午餐时间，管理站的办公室都没有人，售票大厅只有几位旅游公司的售票人员在值班。售票人员很热心，帮我联系了管理站相关负责人。在交谈中得知我和师妹两个人入园要考察两个月，打算去山上的松涛山庄解决住宿问题，售票员则告诉我贺兰山管理站可以给来调研的学生安排住宿，至于能不能住上，还需要我去沟通。

本来想着要空等到 14：00 上班，这个时间来可真是决策失误，在得知给安排住宿后才发觉正所谓无巧不成书。我向售票大厅的工作人员道谢后，便返回苏峪口管理站。坐在沙发上做好了 14：00 才有人来的打算，没想到 12：30 过一点，管理站的人就吃完午饭回来了，我拿出介绍信，人家看了一下说是带我去二楼找站长，站长本来已经打算午休了，他从宿舍出来，到办公室后在介绍信上签了字，并关心起我们的住宿问题，让人带我去科研楼找一间宿舍。又等各部门沟通了一下，很快有人取来钥匙带我去看宿舍。原来就是隔壁的那栋挂着“贺兰山生物多样性研究中心”牌子的楼，进门才发现，这个楼没有人办公，就是给调研人员住的，每间屋子都是普通的办公室大小，一间里面有一张办公桌，一张或两张床。找到一间有两张床的房间，工作人员便把这个房间的钥匙给了我。

虽然今天才正式进入田野，但我已经是第八次来到宁夏贺兰山国家森林公园了，前前后后接触了很多与这片土地有交集的人，从管理站护林员到景区的保安，从小商贩到游客，从“以前在山上住的人”到听说过他们故事的人……也许这就是这片田野与以往的不同，这里可以接触到不同身份、不同生活背景的人，与他们交谈过程中得到的消息也往往都有出入，很像是希腊神话与罗马神话，有一定联系却又有些许不同，一件事可以听到不同身份的人讲述出不同的版本。突然发现，当我听到不同版本的故事时思考的第一件事并不是孰对孰错，而是为什么会出现这种信息偏差，这与事件的流传时间有关，还是与其传播途径有关。

当然更多的是与讲述者的立场有关，村民就曾诉苦说，进山采蘑菇、砍柴还得给林管所交钱，那个叫“入山证”，每次不是五块（钱）就是十块（钱）。但林管所的工作人员告诉我们，办理“入山证”只是出于安全防患，如果有人进入山林后走失或突发火灾，工作人员可以第一时间根据“入山证”找到入山者的信息，收取的钱也仅仅是成本费用，并非为了盈利。

像这种事儿便无关事实的对与错了，而是不同群体站在不同角度对同一件事的理解，这有时会让我对“他者”的视角再次产生新的认识，原来田野中的“他者”不只是研究者，不只是报道人，访谈的对象也互为“他者”，此时便不能说研究者运用“他者”视角无法发掘事实的真相了，往往研究者的任务只是尽量完整地呈现出一片土地上的真实场景，这个“真实”即研究者不带个人好恶地有意塑造形象，不凭空捏造事件以增加可读性，不功利之下趋利避害，做到以上田野要求，可谓真实。

有温度的田野

郑佳琪

当研究者作为“他者”进入田野时，往往需要一位领路人，这样一个角色在民族学、人类学田野调查中是十分重要的，用本专业的术语来讲称为“报道人”。第一次关注到报道人是在拉比诺的《摩洛哥田野作业反思》一书中，他的第一个报道人叫阿里，他称其为“局内的局外人”。

我的第一个报道人姓代，是移民村——金村（化名）的治保主任，恰恰是一位与阿里一样至关重要的人物，其年纪比我只大一岁，我与同行的师妹AX都习惯直接叫他“主任”，初次见面是在我正式下田野之前，那是2021年3月7日，导师带着我和两位师姐来到金村的村委会，刚好是一个周末，正赶上“主任”在值班。当时他就告诉我们家里本姓“戴”，“其实是‘土’‘田’‘共’那个（把‘戴’字拆分了），我爹嫌太难写了，就拿户口本去给改了——改成了‘代’，当时也不严嘛。”后来有一次闲聊他又提到，他们家和唱《悟空》的那个歌手——戴荃是宗亲，祖上都是从山西大槐树出来的，有一次加到一个家族微信群，在里面看到过他……

还记得第一次见面时，“主任”便热情招待我们，他并非从未走出过村子的村里人，也非来到异地他乡工作的大学生村官，而是二者的结合——本村的返乡大学生，通过村民票选来到村委会工作的，他向我们一行四人倾诉村里各方面都挺好，唯一的苦恼就是没有同龄人可以聊天。当时我便预感到，他是愿意与我这个“外人”交流的，也许他可以成为我的报道人。正式下田野后，也像是我预计的那样，第一天到他们村里，知道村里没有小饭馆，可能没有地方吃午饭，我和师妹就在书包里带了点牛奶和面包，可“主任”却给我们端来了两份午饭，是村里负责改厕工程的施工队带来的厨师做的。由于村委会没有床可以午休，他又不方便把两个女生带回家中，便让我俩中午在他的车里休息。等到下午上班，把我们带到他介绍的村民家中后他再回村委会。

他带我们拜访的一般都是在村里住了几代的老人家，进去介绍说：“阿叔（叔叔），这是两个研究生，学习都挺好的，人也挺好的，想听听咱原来在山上住的故事，你给她俩讲讲……”，我俩就在老人家里访谈，顺便撸猫撸狗，再尝尝老人家里果树上的桃子、李子，以及只能看看却吃不到的还未成熟泛着青色的枣子，也许是以前他们在山上住惯了，每家的小菜园中都或多或少种了几棵果树。这样的生活持续了两三天，正赶上银川天气最热的时候，中午在车里得不到充分的休息，有点影响下午的效率。我们便决定去隔壁镇上的宾馆住几天，镇上到村里的路程开车不到 10 分钟，这样中午可以午休，晚上也不用着急赶着天黑前回到山上。

但由于村子比较闭塞，住的又都是老年人，平时老人们也不出村子，交通很是不便，进村可以在镇上打车去，可出村就没有车了，这时便还要麻烦“主任”开车送我们回去。他一直都在给我们提供力所能及的帮助，但他又不是以往我印象中的报道人，一般去一个语言不通的田野，报道人会是研究者的翻译，除翻译访谈的对话外，还会成为研究者在当地的导游，需按天支付报酬，看起来更像是一种“职业”。如果是回到家乡做田野，报道人大多是研究者曾经就认识的熟人，但“主任”却并不符合其中之一。起初“主任”的热情是想与同龄人交个朋友，可以聊一些我们这个年纪都感兴趣的话题，渐渐了解后他有了想要追求师妹的想法，被婉拒后，“主任”并没有放弃。拒绝不掉本可以置之不理，但由于田野之行的需要又不可能完全不联系。师妹这“甜蜜的苦恼”可是难坏了我这个本该旁观者清的人，我没办法给她提任何意见或建议。

终于熬过了工作日，周六一大早“主任”打来电话，他说要去贺兰山上很有名的鹿盘寺挂个横幅，疫情期间寺院关闭，游客都上不去，跟他一起可以上去看看，问我们要不要去。我心想挂个横幅也要不了多久，中午就回来了，下午还可以访谈一户，收拾好东西，买了点早餐，便去找他会合，他开车带我们去了插旗口鹿盘寺。寺院很小，很是冷清，只有一位几十年来都住在这里的“大师”。简单逛了下寺院，然后就开始“爬野山”。

与修建了木步道的森林公园不同，这边就是一眼望不到边的荒山，偶尔能看到成群结队的岩羊，以及明长城的烽火台遗址。一路走走停停爬上山，又坐在山顶吹风，等休息够了再下山，下来后开车回到村里已是15：00多了。我们找了个小饭馆吃饭，计划着吃完饭去访谈，但“主任”的意思是今天爬山都累了，就先回去休息吧，可我和AX想的是要完成一个访谈再回去。要说疲惫，两个人肯定是有的，但对于没有完成的任务，还是没能掩盖住脸上失落的表情。

在农家乐摘葡萄

似乎是吃饭间不经意表露出了“跟你去鹿盘寺就是想等你忙完带我们去访谈”之意，“咋了，你们就访谈用得上我，我找你俩爬个山就不乐意啦?”主任玩笑般的话让我认识到了问题所在，与他接触的时候总是把访谈放在第一位，也许真的过于功利了，田野经历应该是有温度、有情感的。

其实，结束村里的调研，回到贺兰山后我也还在思索，自己与

这位“报道人”到底算不算是朋友？直到有一次夜里，快到 23：00 时“主任”醉酒给 AX 打来电话说自己在镇上，心情不好喝了点酒。突然记起他之前说自己酒量不好，而且醉了容易乱跑，我与师妹连忙找车下山去他说的饭店“救”他，那天之后，我脑海中便再未出现过自己有没有把他当朋友的疑问了。

原来有人记得我

郑佳琪

由于我提前来田野点做过预调查，而陪同我做田野调查的师妹则是第一次走进我的田野点——宁夏贺兰山国家森林公园，我也就自然充当起了临时导游的角色。一边把自己已经掌握的田野信息告知师妹，一边仔细观察景区内细微的变化。

上山的大巴车会停在森林公园内松涛山庄旁的停车场，下车后游客们开始爬山，这段从松涛山庄到青松岭的路可以选择坐缆车上去，爬上去则需要半个小时，与我五一假期来时相比，最明显的区别在于，一路上的垃圾桶没有那么满了，也没看到运垃圾下山忙个不停的保安——公园安保部外聘的。此外，并不能看出客流量减少，来爬山的人还是络绎不绝。

我们爬到山上也将近中午，在青松岭坐下休息了一会儿，一位年纪不算大的保安就坐在了旁边，感觉这位保安师傅很是眼熟，但不知道是和他聊过天还是有过一面之缘，思考间他已经站起来继续工作了，当我目送他走远，并且直到融入人群中才想起来，他似乎

就是森林公园宣传片中那个保安队长，连忙起身去追赶他想要认识一下，不巧的是，刚站起身的我被另一位保安师傅叫住了。今年（2021 年）五一的时候来做预调查，当时是旅游旺季，游客多，产生的垃圾也很多，我曾帮助这位叫住我的保安将两编织袋的垃圾运到山下，原来他还记得我，很热情地跟我打招呼，还要了我的联系方式，向我介绍说他姓“詹”，詹天佑的“詹”。他说要联系方式是要给我发个奖，听得我越发不理解，他便向我解释，他来工作这么久，没有人主动帮他运过垃圾，他要把我的事反映给公园，给我申请个表彰。我便问道，公园还有表彰游客的制度吗？他说没有的，但是他要给我说明一下。

道谢后，我看到山上在举办有奖问答活动，背诵木步道两旁雕刻的历代文人书写贺兰山的诗词就可以换一副印有贺兰山风景的扑克牌，另一位不认识的保安师傅在组织这个活动，周围也有一些游客在参与，眼看时间还早，就跟着玩了一下，旁边有打印好的诗词册，大概翻了翻，眼疾手快地找到一首很短的绝句。

游贺兰山绝句

（清）润光

一路草香皆是药，千林老树尽生苔。

浮云似水流将去，怪石如人立起来。

反复读了几遍，顺利背过古诗拿到扑克牌，当然我没有忘记助人为乐，正赶上几位游客闻声而来参与游戏，我便提醒道：“翻到第三页，第二首《游贺兰山绝句》特别短，很好背。”这时那位姓詹的师傅走过来，对负责背诗词活动的保安说：“你得给人家一个，人家还帮我捡过垃圾呢。”“早给了，人家背下来了”，保安说。拿到扑克牌后，我和师妹向更高海拔挑战，往景区“世纪塔”的方向走。待我们结束田野回到学校后，听闻歌手李宇春来到贺兰山国家森林公园录制综艺节目则是坐缆车到青松岭，又从青松岭爬上了世纪塔。

就在我们还差不到200米到达世纪塔的时候，詹师傅的电话打过来了，原来他又给我们想要寻找的那位保安队长说了我帮忙捡垃圾的事，为表感谢，队长拿了两盒他们中午的员工餐给我们，就放在刚才背古诗词的那个导引台处。虽然不是很饿，但又不好拒绝，只好再爬下去领盒饭。员工餐的盒饭是两个菜加一份米饭，本来是给保安师傅们准备的，量特别大，我和师妹两个人完全吃不掉，这时詹师傅看到我们走了过来，“你们带没带杯子，到我们休息室打点水喝吧”。我们连忙表示有水喝，此时游客不多，他便坐在我们旁边望着远方的森林，自顾自的在感叹生活，说到自己老家在灵武，有几个子女，时常劝他回老家养老，他这些年一直在银川打工，年纪大了不能干太累的活，只能来这边工作。又说到景区过了国庆假期就是淡季了，应该会裁员，到时候他就不干了，这边工资也不高。似乎他并不在意我们有没有在认真听他讲话，也不在意他在对着谁讲，他只是简短地回忆了一下他这早已过了大半的人生，而谁的人生又需要太多的观众呢?

吃完饭稍作休息，我与师妹还是决定今天要完成登上世纪塔的目标，短暂休息后便又开始继续爬山，这次遇到了一位独自爬山的姐姐，看样子很是年轻，聊天中得知她儿子今年大二，这样的话也许应该叫阿姨了，她是和先生一起来的，但先生怕太累耽误明天工作，就没有挑战青松岭以上海拔更高的地方，她便一个人继续爬。我们一路上边走边聊缓解了些许爬山的疲惫，女性间的话题往往绕

不开爱情和婚姻，这位阿姨和我们聊的何尝不是她的经历，从婚前她先生如何去见她的父母，到婚后如何体谅她的工作，告诉我们要怎样考察一个人是否值得托付，但就算有幸找到，也不能将爱情看成生活的全部，很像是一位母亲对女儿的叮嘱。

似乎很多时候我们都愿意向陌生人去倾诉些什么，那些身边人都听你讲过但你还觉得讲起来津津有味的小故事，或者是你向身边人都会刻意隐瞒的小秘密，因为离开了这片土地我们就不会再相见了，谁又会在乎谁的过往和谁的心事呢？很多年后，往往只会在提起那个地点时才会想到那个“偷”走你故事的人。也许我们聊的很多内容并不能成为我的田野材料，甚至与调研毫不相干，但彭兆荣教授曾说：“‘田野’地方本身就是一出戏”，我们都要扮演好戏中之人。

在森林公园运垃圾的詹师傅

不要站在泉水上方

张文文

每每民族学者到田野点做异文化调查时，前辈们都会提及必须尊重当地民族的禁忌和礼仪，但是我却在田野中触犯了一条禁忌。

在甘肃夏河县桑村[①]做田野调查时，有一天，为了更好地观察和了解藏族牧民的日常生活，我央求翻译桑吉卓玛带我和陪同我做调查的师妹佳琪去牧场瞧一瞧。在桑吉卓玛与家人商议后，她的父亲愿意开车带我们去她大姑家住上一晚，为此我备感兴奋！

2020 年 8 月 7 日这一天，等我们结束了下午的访谈，便急急忙忙地赶到桑吉卓玛家，一到大门口便看见她父亲正在掀开小轿车的防尘套。等大家都收拾妥当，我们就向牧场出发了。因为桑吉卓玛与大姑家的表姐们和小侄女感情很好，便在桑村的小卖部门口停了车，桑吉卓玛买了零食带去牧场，我也跟着下车去买了两袋水果，以此感谢她大姑的热情款待。

---

① 出于田野伦理要求，此处村名使用化名。

经过40多千米的跋涉，一个多小时的车程，我们终于到了桑吉卓玛大姑家的牧场。一下车，便看见她的大姑才让卓玛、二表姐道吉吉正在牛圈挤牛奶。这时已是18：00多了，正是挤牛奶的时候，看见我们，大姑就放下手中的牛奶桶迎接我们。但是，为了不打扰大姑挤牛奶，便让她去忙，因为挤牛奶是个费时间的活，如果不抓紧时间，很可能到晚上了都还没做完。

才让卓玛家的牛圈

第二天清晨（6：00），大姑和二表姐照常在牛圈挤牛奶，其他人则准备着早饭。因为水桶里没多少水了，大姑的小女儿乔旦吉让我们去打山泉水。背着水桶的桑吉卓玛边走边告诉我，牧民会选择在有山泉水的地方搭建帐篷，这样会方便很多，如果自家牧场没有泉水，便会找拉卜楞寺的阿克来自家牧场做一场法事[1]，在做了法事

① 阿克，藏语音译，汉语意为僧人。下同。

之后就会有山泉水涌出，听着这事便觉得很神奇。我心想，万一做了法事没泉水涌出咋办？但也不得而知……

在桑吉卓玛和佳琪用水瓢将泉水舀进桶里的时候，我想记录下这一刻，便跳到她们舀山泉水的上方拍照，在我还沾沾自喜拍下这一具有纪念意义的照片时，3 岁的小侄女卓玛才让跑到桑吉卓玛那儿用藏语说我站的位置不对，桑吉卓玛便善意地提醒我“不要站在泉水上方”，因为这是对山泉的不尊敬。经桑吉卓玛解释，这山泉水不仅人要饮用，还会敬献给佛堂的神像，所以更不能污染山泉水。一听解释，我赶紧回到岸边，连连说抱歉。在此时，我感受到藏传佛教对信教群众根深蒂固的影响，不仅大人恪守生活中的种种禁忌，小孩也在这样浓厚的氛围中接受着熏陶。想必小侄女可能是听了家里大人的叮嘱，不要在山泉处做一些不好的事，看到我站在山泉水上方才善意提醒的。

小侄女卓玛才让在“告状”

一回到小屋，乔旦吉很恭敬地将装山泉水的小铜碗整整齐齐地摆放在佛像前，然后将新接来的山泉水倒进一个又一个的小铜碗里，做完一系列的程序后便开始做早饭。

供奉在佛堂前的山泉水

其实，我很羞愧！因为早在之前的访谈中就了解到，当地人很注重河流和山泉处的洁净，不会在这些地方撒尿拉屎、乱扔垃圾，更不会在此处埋牲畜尸体、杀生、留有血迹等。而河湖和山泉处常被藏族人认为是“龙神”的居所，再加上高原上水资源的珍贵，所以在日常生活中会特别注意保持水源的纯净以及是否伤害了生活在水里的生物，因为在他们看来，一旦污染了水源，就会招致“龙神”的惩罚，生“龙病”。由于我的一时兴起，忘记了这一重要的禁忌，在当地人看来，要是在别人家做出亵渎“龙神”的事，很可能会被主人赶出家门，从此不再来往，因为我的所作所为可能会给他家带来灾祸。

身处异文化，作为外来者的我们应谨言慎行，在田野中时刻铭记尊重当地的禁忌和风俗，不可添乱、不可瞎说、不能逾矩。这样，我们才能做一名合格的田野工作者，要不然，田野调查可就做不下去咯！

达久滩上的草原聚会

张文文

2020 年 8 月的达久滩[①]，当地人都在为赛马节做准备，桑科镇日芒村万代卡家的赛马在村小组的选拔赛中脱颖而出，成为参加达久滩赛马比赛的种子选手。在正式比赛前，万代卡邀请拉卜楞寺的活佛和全村的亲朋好友来他家牧场观礼，接受大家的祝福，祈祷他家赛马能获得冠军。而我作为其中的一员，有幸蹭上了这次草原聚会，只因为我的翻译桑吉草是万代卡的侄女。

说起达久滩赛马节，这可是大有来头。相传清代乾隆年间，六世班禅曾到拉卜楞寺讲经说法，班禅仁波切对当地牧民说，每年的农历七月十三日在达久滩将会有一条通往“香巴拉”[②] 的道路，要桑科七部落年年都要在次日举行赛马活动，并说所有参加赛马活动

① 达久滩，藏语音译，汉语意为跑马滩，夏河县城南 60 千米处，海拔 3000—3200 米，总面积 853 平方千米，四周群山环绕，中间草地平坦、开阔。据说这里是世界无敌至宝雄狮王格萨尔祭奠神灵的地方，也是格萨尔王赛马称王登上王位的吉祥之地。

② 香巴拉，又译为“香格里拉”，意为“持安乐”。

小骑手和健硕的赛马

的骑手们，死后均可进入“香巴拉”。可以说，“香巴拉”是藏族信教群众内心向往的极乐世界。在一次访谈中，69 岁的高贝老人告诉我：“在赛马节的时候，我们很虔诚地听马蹄声的话，也是能到香巴拉的。”由此可见，万代卡家的赛马参加达久滩赛马节是很荣光的事！而村民们也因受邀到万代卡家参加聚会而备感荣幸。

本来这一天是 8 月 26 日，农历为七月初八，在拉卜楞寺有个米拉日巴劝法会，但接受了桑吉草的邀请，去参加她大舅家的聚会，所以就不能观看那个劝法会了，只因这场草原聚会更为日常且有意义，能获取重要的田野材料。

从桑村向牧场出发，一个半小时的车程，等我们抵达目的地时，就看见草场中间有一顶黑帐篷，黑帐篷里面有两位带发修行的喇嘛

正在念经做法事，帐篷外面站着一群藏族男人，他们附和着喇嘛念经的节奏举着用羊毛绳系着的木棍，男人们手中的木棍顶端贴着神像和活佛的图像。站在最前面的还有一位高举着五彩旗子的年轻男子，也随着念经声摆动着手中的旗子。

桑吉草给我说，正在举行的仪式叫作“战神——保护神”（藏语音译为“扎拉”），男人们手里举着的羊毛绳（悬旗的绳）叫作“མུ་ཐག”（藏语音译为“木塔”），而羊毛绳象征着通往神界的阶梯，男人们附和着念经的节奏举起羊毛绳就是邀请战神来保佑自家赛马夺冠。那五色彩旗也不是随便哪个人都可以举的，而是活佛或者德高望重的拉卜楞寺阿克才能决定村子里哪位男青年举旗比较合适，而五色彩旗上最重要的是旗上的那杆枪头，这是驱散村子里恶魔或不幸事物的重要武器，需要那位举旗的男人边骑马边耍旗来刺穿用铁链锁起来的纸人偶，这纸人偶有时也是用布做的，象征着恶魔或者不幸的事物。在骑手耍旗刺穿这个纸人偶前，全村人都无比紧张地祈祷着，因为这关乎村子未来一年的运势。因为这个耍旗仪式在我们来牧场之前就举行过了，所以我并没有看到仪式全过程，只能从桑吉草的讲述中了解整个耍旗的过程。

在黑帐篷后面就是煨桑台，煨桑台上正在燃起桑烟，上面摆放着柏树枝，还撒着每家每户带来的糌粑、茶叶、青稞、水果、糖果等。在煨桑台旁，一个藏族男人正用勺子朝着煨桑台洒牛奶，一个男人吹着海螺，很是热闹。这时，还有五个藏族妇女则在黑帐篷左边的白色帐篷里做饭、烧水、带小孩，也有的藏族妇女拉着自家的小孩，给他们讲那些大人在做什么，告诫小孩不要靠近煨桑台，所以，女人和小孩都远远地看着男人们在煨桑。

在9：00的时候，万代卡一家准备在进入草场的入口处煨桑以

“战神”仪式

迎接活佛的到来。9：22，万代卡骑着摩托车带路，全场男女老少都向着汽车的方向弯着腰迎接活佛，只看见丰田车上最先下来的是一位很年轻的活佛，随后万代卡弓着身邀请活佛一行人走到专门为他准备的帐篷里，这个帐篷是带有蓝色花纹的。在我上牧场的时候，我看见草场上有黑色的牦牛毛帐篷，还有白色的塑料帐篷，后来才知道带有蓝色花纹的帐篷是活佛专用的。但是我在夏河县参加香浪节志愿者的时候也看见很多帐篷都是带有花纹的，桑吉草告诉我说，那些人是在乱用帐篷，有花纹的帐篷是普通藏族群众消受不起的。

活佛来了之后，村里的年轻男子就准备骑着马去神山上煨桑了，其中有一位举着五彩旗当领队。在马队中，其中装饰得最花哨的就是参加达久滩赛马节的那匹赛马，看着特别帅气、骑赛马的小伙子头戴专门的五彩帽——这是日芒村专门参加赛马比赛而世代传承下

来的帽子，村里的其他小伙子们跟在马队后面。没有骑马的男人们则在煨桑台煨桑、放炮仗，骑马的队伍围绕着以煨桑台为中心的场地转三圈，接受村里男女老少的祝福。

在转完煨桑台之后，他们就浩浩荡荡地骑着马去神山山顶煨桑了。我很想跟着去看他们是如何在山顶煨桑的，但由于我是女的，再加上也没有人骑摩托车带着我去，所以没有机会去山顶看他们煨桑，实属遗憾！再者，也不会有人带我去的，因为男人们煨桑是禁止有女人参与的，他们会认为不吉利。我在心里感慨女性身份的不便……

祭山神的马队

一直没等见马队回帐篷，一问才知道，祭完山神的马队在草场下面列队准备举行一场娱乐性质的赛马比赛。只听见一声枪响，几匹马犹如射出的弓箭，势不可当。那匹堪称主角的赛马在比赛的时

候格外耀眼，不仅身姿矫健，而且在最后冲刺阶段脱颖而出，取得了最终的胜利。

这时，活佛一行人在草场上面埋宝瓶，这是在祈祷主人家的草场来年风调雨顺、牧草丰茂、牛羊膘肥。等活佛一行人回到帐篷时，马队就在帐篷前接受活佛的祝福，之后又骑着马围着煨桑台跑了三圈。

煨桑和赛马结束后，重头戏就来了，全场的人要去拜见活佛。

只见所有的藏族男女老少从自己的包里取出白色哈达，弯着腰、手捧着白色的哈达，排队拜见活佛。这位年轻的活佛坐在铺有彩色布块的椅子上接受大家的拜见。男人们站在最前面，女人、老人和小孩站在后面。男人们恭敬地把哈达捧给活佛身边的拉卜楞寺阿克之后，活佛念着经文，手里拿着经书，用经书一个一个地点拜见者的头，之后他们就从活佛身边的僧人手里双手领取了红绳，拿到红绳后立马系在脖子上，这就是接受了活佛的祝福。

我静静地站在一旁，随手拍了一些照片，看着村民们拜见活佛。一位藏族大哥看我站在旁边，去僧人那里要了一条红绳给我系在了脖子上，碍于情面和不解，我欣然接受。在他们看来，可能是我心中无佛，带着红绳的我在几分钟之后崴了脚。

拜见活佛结束后，活佛就乘车准备回拉卜楞寺了，所有的村民都为小车让出一条道来，弯着腰恭送活佛离开。在拜见活佛时，我看见桑吉草85岁的姥姥非常积极，平时拄着拐杖慢悠悠地走路，而今天在家人的搀扶下健步如飞，由此可见姥姥对活佛的敬仰。

活佛离开后，大家又回到帐篷里吃饭、聊天，男人、女人们坐在草原上唱着歌，还有年轻的男女追逐嬉戏、泼水玩，十分快活。

拜见活佛的藏族群众

装着羊毛的尿布

张文文

2020年8月，我在甘肃夏河县桑科草原及周边村落做田野调查。在每天寻找访谈对象的过程中，翻译桑吉草就会特别注意每家每户的木门上是否贴有柏树枝。经她解释，假若家里有婴儿刚出生，家里人就会在门上贴上柏树枝以谢绝外人来访。因为当地人认为外人身上带有秽气，会给新生婴儿带来不好的东西，有人看见门上贴有柏树枝，近期就不会拜访那家人。

卓玛才让一家是桑吉草的邻居，家里正好有个出生几个月的小宝宝，但她家的门口上没贴柏树枝，这表示过了谢绝访客的时间段，因此，卓玛才让没有拒绝我们的来访。

因为家里有婴儿，所以庭院晾晒了婴儿的很多衣服和尿布。在我四川遂宁市的老家，婴儿的尿布是用旧床单裁剪制作而成的，我上初中的时候也洗过表弟的尿布，所以很好奇桑村这边的婴儿是用什么当尿布的，便在访谈结束后觍着脸皮对桑吉草说，能不能问一下“以前在牧区的时候婴儿有没有尿布之类的东西”。等桑吉草用藏

语翻译完我的请求，卓玛才让一听，看了我一眼，便哈哈大笑地走进了里屋。可能大姐在想，这城里来的小姑娘别的不看，咋来乡下看小孩的尿布呢？最后，大姐从屋里拿出一块正方形的粉色尿布给我们瞧。

笔者（左）、桑吉草（右）和
卓玛才让大姐（中）

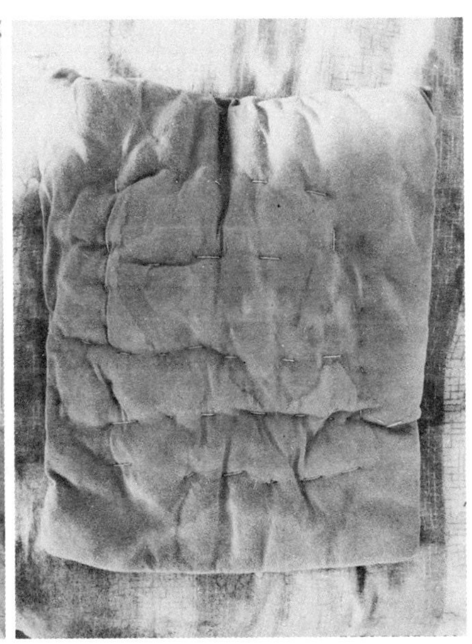

装着羊毛的尿布

卓玛才让解释道，这块粉色尿布也是用旧床单裁剪制成的，里面塞满了羊毛，并且用针线缝得很扎实，假如小孩尿湿了，洗干净晒干之后可以再次使用。她回忆着说，以前牧区的生活条件不是很好，羊毛是很珍贵的，所以只能用烧剩下的牛粪灰当作装在尿布里的填充物。婴儿尿湿之后把湿的牛粪灰倒出来，之后再重新装干牛粪灰，这样尿垫就可以再次使用。

卓玛才让还把放在火炉旁一个装有粉末的碗给我看，边看边给我讲，以前夏天很热的时候，小孩身上最容易捂出痱子，这时孩子的母亲就会把冬天收集起来的干牛粪碾磨成粉末状，抹在小孩身上当作痱子粉。因为冬天牧草少，所以牦牛就会把牧草嚼得很细，拉出来的牛粪也是干燥易碎，等把牛粪晒干之后，再用石头研磨成粉就可以当作痱子粉抹在小孩身上，既方便又简单。

牛粪做的“痱子粉”

一块尿布，竟然挖出了这么多有趣的田野信息，这是我一开始没有想到的。我本以为，草原上藏族牧民家里的干牛粪只当作燃料来使用，此外，就再无其他用途了。但今天在卓玛才让家里才知道，燃烧完之后的牛粪灰也大有用处，这不正体现草原民族应对高原环境的生态智慧吗？而这也是我需要挖掘的重要信息。因为一块尿布我被人笑话，并不觉得有什么，但痛失关键的田野信息，这可有我哭的了。

桑村拾荒记

张文文

“要了解垃圾，你必须碰它、摸它、闻它，并将它分类”，这是国际知名的美国考古学家、人类学教授威廉·拉什杰和媒体人库伦·默菲合作撰写的《垃圾之歌——垃圾的考古学研究》一书提出的。

在确定自己要做关于“垃圾问题”的研究时，我提前在淘宝网上购买了垃圾钳和装垃圾的袋子，准备在田野调查期间，我要在桑村的巷道、草地、公共场所捡垃圾，以便实时了解桑村民众所丢弃垃圾的类型，搞清楚垃圾被乱扔的原因，为我的硕士学位论文添砖加瓦。

最开始我还是有点胆怯的，怕村里的人不认识我，看我鬼鬼祟祟地在他家附近转悠，赶我出去，还有就是村里流浪狗很多，我怕被狗咬。万幸的是，在捡垃圾期间我所担心的事都没有发生。

最开始捡垃圾的那几天，8：00 我就出门了，拿着垃圾钳和垃圾袋穿梭在桑村的一条条小巷捡垃圾。因为 9：00 我的翻译才带我在

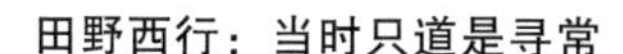

村子里寻找访谈对象，所以一个小时的时间足够我去开展这个“伟大的捡垃圾事业”。

但捡垃圾一开始并不是一帆风顺的，因为我遇见的第一个问题就是“差点无垃圾可捡”！夏河地区是有名的“全域无垃圾旅游示范区”，政府特别注重环境卫生的整治，每天都有专人清扫村子的垃圾，还有专门的设备清运垃圾，这就使得村里可捡的垃圾少之又少。在最开始那几天，我辛辛苦苦捡了一个小时的垃圾，连一个正常大小的塑料袋都没装满。所以，之后每天不到 7：00 我就必须出门，因为我得赶在环卫工上班之前去村里捡垃圾才行。

准备工作的环卫工

渐渐的，我捡垃圾的范围扩大了。我在附近的草原上捡过啤酒瓶、易拉罐；在桑村的篮球场、停车场捡过西瓜皮、零食袋；在桑

村居民住宅区捡过建材废料、“尿不湿”；还在村道上捡过塑料袋、纸皮、烂水果。

我在草原捡垃圾

捡到的垃圾，使我有了不小的成就感，还给我带来了意外的惊喜。每天碰见我捡垃圾的村民和我打起了招呼，很感激我为桑村环境卫生所做的小小贡献，这也为我寻找访谈对象提供了便捷，因为一听我是每天在村里捡垃圾的那个小姑娘，他们都很乐意同我交谈，这一效果是我原本没想到的。

在捡垃圾时，我逐渐体会出“参与观察”这一民族学、人类学研究方法的妙处。我们在田野中不仅要仔细观察，更重要的是参与其中，我在桑村捡垃圾不就是一个很生动的例子吗？如果我没有捡垃圾的想法，如果我不早起捡垃圾，就不会发现更多有用的信息，寻找访谈对象也可能会受阻。参与观察，对于民族学、人类学同人来说，不单单是所谓的专业名词，我们要时刻在行动，深入其中，知行合一，才能达到自己的目标。

今天，我在桑村捡垃圾！明天，你在田野做什么呢？

披着“牛皮”的小牛犊

张文文

桑科草原上每户牧民家在草场都有成群的牦牛和藏羊，这些牲畜为主人家提供奶、肉、皮、毛，维持着一家人的生活必需。千百年来，牧民依旧生活在这片草原上，但有了牦牛和藏羊相伴，生活倒不至于那么单调乏味。

2020 年 8 月 8 日，我在桑科牧场上体验草原游牧生活，翻译桑吉卓玛的大姑才让卓玛热情地接待了我们。这天清晨，才让卓玛和她的女儿道吉吉正准备去牛圈挤牛奶。母女俩洗漱完毕后，穿上围腰和胶靴，拿出牦牛毛编制的绳子，抱着木桶来到露天牛圈。因为牛圈有很多新鲜的牛粪，为了不让牛粪和露水沾在衣服上，才让卓玛穿上了胶靴和围腰，围腰是齐腿的。在围腰的中间还有一根短木块，这是将接牛奶的小桶卡在腰间，在蹲下挤牛奶的时候小桶正好对着牛乳头，这样就不用抱着小桶挤牛奶，省力省事。

经过一夜的酝酿，母牦牛的乳汁就非常充足了，为了不让小牛犊晚上吃奶，导致第二天没奶可挤，便把母牛和小牛犊分开系在牛

正在挤奶的才让卓玛（右）和道吉吉（左）

圈的绳子上。才让卓玛和女儿用泉水洗了手，便开始挤牛奶了。才让卓玛先将几头小牛犊脖子上的绳子解开，小牛犊四下散开，立马奔向自己的母亲。其间有只小牛犊一时迷糊了，跑错了位置，那头母牛不让它吃奶，便用牛角顶它，这一场景惹得我捧腹大笑。

道吉吉是一位小学老师，刚好是暑假，就回家帮助自己的母亲。一听见我在笑话这小牛吃不到奶，她给我解释说，因为母牛闻着小牛身上的气味是能认出自己下的牛犊的，不是自己的崽子就不会喂奶。这只小牛在一阵寻找后，最终找到了自己的母亲，欢喜地吃着奶。

道吉吉蹲着挤奶的时候，给我讲了一个小故事，就是自家的小牛犊是如何吃上其他母牛的奶的。之前也说了，母牛会闻气味喂自己下的小牛犊，但是，去年才让卓玛家里的一头母牛下了一个死胎，没了小牛，母牛便喂不了奶，这可急坏了才让卓玛一家。

正在吃奶的小牛犊

要知道，母牛下奶通常会伴随小牛到一岁左右，为了不浪费这头母牛的乳汁，才让卓玛只得狠下心将死去小牛的皮剥下来，披在另一头小牛犊的身上，因为这头小牛的牛妈妈奶不够，自己生的小牛经常饿得直拱牛乳头。最终，失去崽子的母牛接受了那只披着它所生小牛牛皮的小牛犊吃奶，小牛犊既有奶吃，主人家又能继续挤奶，一下子就解了燃眉之急。

这种闻味识牛的方法如同一道防御系统，让母牦牛能够迅速识别出小牛犊是不是亲生的，以保证自家小牛犊能够吃饱喝足，提升小牛犊在高寒环境活下来的概率。我想这不仅展现了母牛的舐犊之情，也体现了动物的生存智慧。

桑村的狗

张文文

高原的狗，对主人忠诚温顺，面对敌人时威武勇猛，千百年来守卫着牧民的家园。为了保障牧民和牲畜的安全，每家每户都喂养一两头性情暴烈的大狗，因为饿狠了的食肉动物会下山觅食，而狗则是最好的防御动物。今天的故事主角就是我在田野中遇到的狗。

桑村有很多流浪狗，我问过村里的老人，这些流浪狗是从哪里来的？老人说，这些流浪狗是被城里人抛弃的，还有的狗出生就是流浪狗。流浪狗会留在有人住的地方，天天在村里转悠，寻找食物。老人还告诉我，只要你不去挑衅这些流浪狗，它们就不会伤害你，但我哪有这个胆子。有的村民看流浪狗可怜，会将家里吃剩下的饭菜倒在门口的铁碗里，让觅食的流浪狗填饱肚子，不至于被饿死。

有一天早上，我和陪同我做田野调查的师妹佳琪照常拿着钳子在村道上捡垃圾，边走边警惕着，因为我们捡垃圾这一带有很多流浪狗。眼看着要到转角了，迎面走来一只黄色的大狗，我心中一怵！

只见这大黄狗体型高大，皮毛蓬松，威风凛凛的，一看到我们，

便停下了脚步，审视了我俩一番。

我俩站着不敢动，因为我手里拿着垃圾钳，生怕这大黄狗误以为我们有伤害它的举动。我虽面不改色地站在那儿，但心中已是万匹奔马在咆哮！万一大黄狗认为我拿着垃圾钳在挑衅它怎么办？万一它冲过来咬我，我该往哪里跑？我要不要大声呼叫，让别人来救我们？要是被咬了，我们该去哪里打狂犬疫苗？

最终，两人一狗在转角处僵持了一分钟，大黄狗瞅了我们一眼，就从我们身旁走过去了。随后，我们又继续向前捡垃圾，转头看大黄狗是否已走远，却发现它跟着我们，难道它想从背后偷袭我们？我的心“咯噔”一下子又提到嗓子眼了。

我边走边瞥着背后狗的行动，但走了很久发现，大黄狗并没有什么恶意，也没有想咬我们的意思。后来，在捡垃圾时，我和大黄狗离得最近的时候，大黄狗就在我的面前。佳琪胆子很大，一看狗子挺温顺的，上手去摸了摸大黄狗的头，狗也很亲昵地回应，佳琪还给这狗取了个名字叫“大黄”。随后我俩继续游走在桑村的小路上捡垃圾，大黄为我俩护航，属实安心不少。

之后的几天，我们在老地方寻找着大黄，但是再也没见到它。我俩很后悔当时书包里没装些吃的，要是有的话还能给大黄食物，也不枉我们捡了一路的垃圾，还有大黄陪着。

在桑村待了许久，我见过很多动物，诸如牧场上成群的牦牛、藏羊，草地上打洞的高原鼠兔、土拨鼠，蓝天上翱翔的老鹰和呱呱大叫的乌鸦，赛马节上奔跑的骏马，还有在村道上偶遇的流浪狗和慵懒的家猫。人与动物和谐相处，这不正体现了藏族人所信奉的“万物平等”理念吗？我越发觉得要调查的主角不仅可以是人，在很多时候，动物也是不可忽视的，因为田野中的一猫一狗、一牛一羊，都可以挖掘出很多有趣且有意义的故事。

与万物共生，与动物对话，田野调查亦能走向更广阔的天地。

佳琪与“大黄”

仲格吉家的“圣诞老人”

张文文

不论在神话传说中还是在藏文史籍、佛教艺术中，都可以发现人与其他生物之间有着千丝万缕的联系。在讲到人与自然的关系时，总是强调世间万物要安乐和谐、友好相处。田野调查期间，特别是在宗教场所和村民家中，我们经常能看见“八瑞祥图”“长寿六友图”“善友本生图”等，于是便问村民为何要在家里贴上这些图像，大家都说是为了保佑人畜平安、祈求家和万事兴。

为什么我会这么清楚“长寿六友图”，这就源于在访谈期间发生的一件很有趣的事。

2020 年 8 月 2 日下午，访谈对象是 51 岁的仲格吉阿妈，我们去阿妈家，家里只有她和孙女在，儿子、儿媳在牧场。翻译桑吉草征得仲格吉阿妈的同意后，我们一行人便进入阿妈家进行访谈。

一进仲格吉阿妈家，就看见屋内一扇门两边的墙上贴着两幅圣诞老人像，而且侧房的玻璃窗上也贴着两幅圣诞老人图像。我很疑惑，但转头想可能是家里有年轻小孩受到西方文化或者学校同学的影响，过一下圣诞节，这也没什么。但在访谈期间，我了解到仲格吉一家都是很传统的藏传佛教信众，从通往屋内的过道上摆放着磕长头用的木板就知道，因为仲格吉阿妈每天都会朝着佛堂磕长头。

我边访谈边看着墙上的圣诞老人，越想越觉得不太对劲！毕竟圣诞老人算是基督教里的人物，在这样具有浓厚藏传佛教气息的家庭为什么会贴着圣诞老人的图像？这到底是家里年轻人赶时髦贴上去的，还是因为别的原因？在访谈中间休息的时候，我便小心翼翼地让桑吉草问仲格吉阿妈这圣诞老人是怎么回事。

墙上的圣诞老人和地上磕长头的木板

桑吉草一问才知道这是一个“乌龙”。

仲格吉阿妈给我们解释道，因为每逢过年家里就要贴神像，以保佑人畜平安，在我的田野调查所在地——桑村及其周边地区就有六大神仙会保佑大家，其中一个就是“人长寿”。“人长寿”这位神仙最显著的特征是额头饱满、白发红颜，而且身旁还有一头侍奉的神鹿。恰巧的是，圣诞老人正好也符合这个特征，一样的白发红颜，身旁还有几头驯鹿，并且圣诞老人还穿着红衣服，看着似乎就很喜庆。当时在购买这几幅圣诞老人图像时，阿妈也很疑惑为什么这位

拉卜楞寺里的“人长寿”

神仙还戴着一顶红帽子，但依旧将误以为是“人长寿”的圣诞老人买回来贴在家里，以祈求神仙保佑家人健康、牲畜平安。

这时，我和桑吉草知道仲格吉阿妈是买错了神像，但是桑吉草并没有告诉阿妈这个事情，因为阿妈一直以为这就是“人长寿”的神像，保佑着家人，所以就让这个善意的谎言继续下去吧。

在寻找下一家访谈对象的路上，桑吉草都在感叹我很细心，要是我不问她圣诞老人的图像是怎么回事，她根本就发现不了。我给她解释道，这或许就是民族学参与观察的魅力吧！在田野时，四处留心，总会发现一些有趣的事。

再后来，我去拉卜楞寺看见了展示在佛堂上的“人长寿”酥油花，正如仲格吉阿妈描述的一样，“人长寿”确实和圣诞老人挺像的，这也难怪仲格吉阿妈会将二者混淆了。

吃油的马：草原上的摩托车

张梅梅

2021年6月，由于博士学位论文的一些后续材料需要补充与核实，我再次前往甘肃省甘南藏族自治州合作市佐盖多玛乡的嘎斯尔新寺村，到达原先田野居住地去拜访阿吉[①]拉毛，她见我到来着实开心，因为她与丈夫马上要开始准备夏季牧场的转场活动，她说我要再晚来两天那就见不到了，夏季牧场离村子较远，在路况较好的今天也要走一天的路程。阿吉拉毛家有牦牛20来头、绵羊40只，6月的美仁草原早已成为一汪绿波，牛羊似乎也在期盼这一年一次的绿意盎然，在海拔3500米的高原上，夏季总是来得短暂且珍贵，牧民抓紧转场，以便牛羊在6—9月中旬的夏季牧场中尽情育肥，草原上的生态节律是牧民和牲畜流动的时间节奏，村落一年中时而寂静又时而热闹，牧民实现了聚合与分离的状态，同时牧场的生活将藏族人的生活结构暂时分割为青年群体和老人加孩子两部分，年轻的夫

① 阿吉，藏语音译，汉语意为“姐姐”，以下关于“阿吉”的称呼，主要是指比自己年长的女子。

妇在牧场放牧，老人在村中定居照顾上学的孩童。待十月初从夏季牧场向冬季牧场迁移后，牧民才实现家的聚合。冬季牧场一般在村落附近的草山处，从冬季牧场到村子的距离，骑摩托车20多分钟到40分钟不等，这属于短距离的牧场，我深感每个牧场上的藏族人都有过硬的摩托车车技，在高高低低的草滩上可以成功避险，在蜿蜒狭窄只能容纳摩托车轮胎的草滩缝隙中畅行无阻，甚至在斜坡60度的草山坡上可以自由驰骋。

在藏族生活中摩托车成为最有代表性的生活物资，用于走亲访友、搬家、放牧、做生意等日常活动，但早期更为重要的则是一家生活充实富裕的象征。在我所访谈的记录中，人们普遍回忆在20世纪八九十年代，摩托车是主要的交通工具，拥有摩托车的人是牧民心中家境殷实的代表，拥有摩托车被视为无上光荣的事情。20世纪的摩托车型号相对单一，但人们依旧追求品牌所带来的感官冲击，1985年，当时风靡全国的嘉陵本田JH70摩托车上市，素有“骑不坏”之称，80年代这款摩托车的市场价为2900—3800元，当时普通工人的月工资为35—45元，在托熟人找关系才能订购的情况下，可见摩托车作为奢侈品在牧区中并不普及。此外，牧民追求的品牌中还有金城铃木AX100，20世纪90年代这款摩托车的价格一度炒到万元。一位牧民跟我说他攒钱攒了几年，等到降价后他以8000块钱的价格购进，骑上车的一瞬间感觉脚底生风，出门感觉自信心暴涨。我能想象到他拥有人生第一辆摩托车后的喜悦之感，因为如今再说起那时的情景时他仍抑制不住骄傲的表情，后来他的妻子证实他将摩托车开回家后晚上开始说梦话，一边拍手一边扯着脸笑，妻子第二天问他“昨天说梦话说的啥”，他说“买摩托车高兴得说胡话了吧”。除以上两款摩托车外，本田CG125和五羊-本田WY125－A也是常见的品牌型号，五羊-本田 WY125－A 属于大众品牌，牧场上大部分牧民都骑这款摩托车，牧民仁青才让说这款摩托车有超高的耐用性，虽然现在每家都有摩托车，但是在 90 年代中期，五羊-本田是高性能、高档次、高品质摩托车的代名词，谁家有一辆五羊-本田，那不知道会吸引多少羡慕的目光。在现代化思潮冲击下，牧民的行为习惯和思维方式发生了大的改观，有无摩托车成为嫁娶姑娘的条件之一，人们会通过可见的物资价值去约算某户的家庭财产状况，一辆摩托车上千元，八九十年代盛行“万元户”的财富头衔中，摩托车已经占据了“千元”的占比，物资衡量家境虽有不可取之处，但想要快速了解一方的家境状况，物资是最便捷的评判形式。

摩托车的经济价值和使用价值在牧区格外受重视。阿尕[①]说骑摩托车带着媳妇在村子里闲逛，那是炫富的小伙子惯用的伎俩，谁家买上摩托车，在家门口发动着摩托车，排气声——轰鸣的声音能迅速引来对摩托车感兴趣的青年、小孩子的驻足围观。这个询问啥型号，那个询问多少钱，有的过个嘴瘾说计划明年也买一辆。摩托车的盛行取代了骑马、骑牦牛的年代，20 世纪五六十年代牧场的搬迁活动要借助牲畜的流动来实现，每日行程缓慢且费时费力，行进一段距离后要将搬迁所用行李全部卸下换另外几头牛或几匹马代劳，所展现的劣势被暴露无遗，摩托车在牧区的出现替代了牲畜运输的方式，我曾听老人们讲到转场时，摩托车后拉着两个胶皮车轮的木质小平车，将所用之物放在小平车上驾车前往牧场，我无法想象在凹凸不平的草地上藏族人是如何趋避的，难道他们确实练就了一身

---

① 阿尕，藏语音译，汉语意为“哥哥”，这里主要是指比自己年长的男子。

好车技？摩托车技术的掌握对牧民的生活产生了重要影响。人类学界普遍认为人类对技术的最早掌握是出于一种对身体技术的掌控，斯蒂格勒（Bernard Stiegler）、舍勒（Max Scheler）、伊德（Don Ihde）都认为技术的原初形成是一种身体的缺失，人类在与其共存的动物相比较中有明显的不足，技术物的出现是对身体的延展和完善。莫斯将身体技术定义为在不同社会中人们根据传统去掌握身体运行的各种方式，工具——摩托车是作为身体器官——腿的模仿，摩托车可被视为身体技术的补足物或延伸物，牧民对摩托车技术的掌握是一种技术的完全变革，身体通过掌握驱车的平衡技术完成了新时代背景下的新技能。

在与藏族群众相处的过程中我似乎理解了一系列有着连贯性的事情，所有的事情中包括为何未成年男性与女性将可以驾驭一辆摩托车看作无上荣耀而沾沾为傲的事项，除了必要的使用功用外，身体技术的掌握还是对有声望行为的一种模仿。我们在观察一个微观社区时可以看到孩子、成人都只模仿那些相对成功的行为，摩托车的使用者一般是一家之主——男性所专享的工具，男性将之视为一种荣耀，只有在男性将摩托车闲置时，其他家庭成员才有机会接触到摩托车并有一定的使用权，否则将会招来数落。女性与孩子是摩托车的衷心热爱者，对摩托车进行装饰以凸显摩托车的珍贵，他们将摩托车似乎看成了自家的一分子，对其进行了过分的装饰，在摩托车上放着藏式卡垫，有的摩托车前灯处系着哈达，两个车把飘着彩带、车钥匙上编制着金刚结，有时为了小孩子冬日里坐在摩托车油箱上屁股不凉，还有专门的小孩子专座，我在这里曾看见三四岁的小孩子一年四季穿着开裆裤，小屁股冻得红乎乎的场景，我不免想起了老家人常说的“小孩子屁股三把火”的俗语，年龄小的孩子，

阿爸或阿尼[①]会将之放入宽大的藏袍里，年龄稍微大一点的坐在摩托车油箱上，摩托车的中心位置是身体技术的掌控者，他驱使摩托车在草原上自由行进，灵活地扭动车把，再难走的草滩也难不住技艺精湛的藏族人，后边坐着妻子，妻子的坐姿决定了路况的颠簸程度，从牧场下来的路程中，妻子一般是双手抓着丈夫腰间系的腰带或双手抱着丈夫的腰，戴着围巾，腿一左一右踩在摩托车两边的脚蹬处，在平坦的路况中妻子一手环着丈夫腰的一侧，一手可以随意地活动，坐姿也发生变化，在牧区我所见到的已婚妇女大多数穿“博拉”裙[②]，一种到脚踝的藏式裙子，上摩托车骑跨式对她们来说不大方便，也不太文雅，她们坐在摩托车后座处，身体和腿朝向一个方向，当看到一辆摩托车从身边经过，并且载着孩子和妻子时，我总感叹摩托车上载着的是幸福，专属于牧区草原人的纯质幸福。

我们走在牧区常会感慨不少已婚的女子是羞涩的，她们在房屋中总是当客人出现后以蜻蜓点水一般出现在你的视野中，有时在屋子里同男主人坐了一下午，到后来回忆时竟记不清那家女主人长啥模样，我在跟学长说起时，学长说“我以为就我一个人是脸盲症”。在田野中，只有同她们不断地深处和不断地拜访，她们才会敞开心扉，话到投机处讲述草原上“卓玛”的爱情故事。在同阿吉们的聊天中可以感受到20世纪八九十年代摩托车对年轻藏族姑娘的吸引力，桑吉草同我说当时丈夫戴着墨镜、留着长发、穿着羊皮袄，脚蹬皮靴，骑一辆蓝宝石色的摩托车停靠在家门口，当时觉得这个小伙子真是帅极了，相识后带着她去夏河玩耍，周边过往的人都看着

① 阿尼，藏语音译，汉语意为“爷爷”。

② 博拉，藏语音译，汉语意为“藏服”，在妇女提起“博拉”时通常是指女士款式的藏式服装，不同季节所穿的博拉裙厚度不同。

他们，她觉得眼前的男人就是她要找的。我曾见过这个汉子，他脸上已经饱经风霜，但依旧难掩年轻时的帅气，我相信桑吉草确实被这个当年的帅小伙所迷倒。

对孩子们来说，摩托车似乎是童年彩照中永远出现且形影不离的“伙伴”，泛黄的照片里总能找到一张孩子骑在摩托车上假装驱车的照片，或者摩托车停靠在一旁，孩子站在摩托车前方嬉笑的照片，我认为摩托车不只是作为背景那样简单的概念，照片定格的瞬间是借助人们观念中具有意义的场景和人物去表述的片段，摩托车出现拟人化的陪伴功用，父亲赋予摩托车一种男子气概，母亲给予摩托车一种细心呵护的刚柔之气，摩托车在草原孩子心目中的印象是威严与珍贵的双向表述。“90后”的孩子现已长大，在他们的回忆中，摩托车与一家人密切相关，每个重要场合下摩托车都参与其中，孩子坐在油箱前，妻子坐其后，驾驶摩托车跨越草原各处，载一家到达目的地熄火后像完成使命一样静静伫立在一旁休息。我之所以将摩托车说成男子气概的表征，源自佐盖多玛乡新寺村大队书记闹日及佐盖曼玛镇美武村老人谈及的情况，自20世纪90年代末摩托车在藏地风靡后，每年村落或周边所属同一“措哇”[①]的藏族群众在祭祀山神时将传统的骑马插箭转换成了骑摩托车插箭，寺庙的佛爷为此而动怒斥责骑摩托车的男性没有尊重山神的规则，在早期谁没有骑马插箭，将被罚款50元。

从骑马到骑摩托车，是传统与现代的对冲，无论是权力施压还是人们自觉地对地方性知识的保护，在这场博弈里藏族人延续了传

① 措哇，藏语音译，汉语意为“部落”。但藏族的“措哇”与“部落”（Tribe）有一定的差别。藏族的“措哇”是涉藏地区社会组织形式之一，有明确的地域性，有各自的名称，有所属的宗教祭祀习俗，在涉藏地区的“措哇”具有凝聚力和向心力的作用。

统知识。因为按当地的传统习俗，村落或以“措哇”为集体单位的男性要在特定的日期骑马到达神山处举行插箭祭祀活动，此项活动，藏语名为“拉则”[①]，插箭根据各“措哇”祭祀神山的传统日期而定，插箭所用到的并非真正的箭，翎箭是用剥去皮的、光滑无弯曲的细长树干来制作的，在树干顶头绑上柏树枝和白色的羊毛，再捆上绘制的三角形云纹彩板，树干底部削尖，这样就是所用到的箭。插箭前，首先是煨桑，然后抛洒“隆达”，此后才开始插箭。据参加的男性藏族群众回顾，插箭时现场的气氛是肃穆的，每个人将箭举过头顶，顺时针方向在煨桑台转一圈，随后走到插箭的箭垛边转三圈，插箭的箭垛越来越高，越聚越大，不少人会爬上箭垛，将箭插入正中间最高处，插箭后人们欢呼声四起，绕着插箭的箭垛顺时针旋转，有的骑马绕着白石头或箭垛转，在整个祭祀活动中要求每家出一名男性参加，女性则不允许参与，马、藏族男性和插箭形成了男性祭祀的神圣空间，20 世纪八九十年代的摩托车代替马匹参与到神圣场域的替换过程，从中可看到当地民众对科学技术的开放接受程度。摩托车，藏语音译为“车达”，藏语中马的发音为“达”，藏语用词中可窥见藏族人将摩托车与马看作具有同等重要作用和功用的互换替代物。在我的观察中，摩托车不仅作为代步工具，还作为一种男性气概的表征物，参与到祭神山的祭拜活动中。

摩托车替代马匹，是随着技术发展以及藏族人从实用主义角度去考虑的选择，马匹更多成为一种精神层面的依托。2000 年前，驾驶摩托车的藏族人中，80% 以上是没有车牌号和驾驶证的，在他们看来，驾驶证并无必要，扎西才让阿尕说：“我们会骑马、会骑牛，

---

① 拉则，藏语音译，直译意为“山顶”，但现今在汉语中将其解释为“插箭台”“箭垛”“山神祭祀之地”，根据所用场景表达具体所指。

就会骑摩托车，国家管得严了，我们必须要上牌照考驾驶证，其实我们骑摩托车是小意思，技术都好得很。”我好奇之前没有牌照、驾驶证，他们怎么去加油，扎西才让阿尕解答了疑惑，摩托车没油时，路边供应点有用塑料瓶散装售卖的汽油，用250ml、500ml、1000ml的可乐瓶装好按需售卖，花费几块钱买上汽油，再倒入油箱，又可跑几日路程，我心里思忖，这个确实还挺方便。如今“无证上岗”的摩托车在草原已经步入秩序化管理，散装汽油不再出售，骑摩托车前往加油站，工作人员会检查车主有无牌照，或出示驾驶证、行驶证等才会给加油。摩托车的秩序化管理使草原民众的安全有了保障，偷盗、抢劫、车祸等现象的出现也日渐减少。

摩托车在带给草原便捷的同时，也给人们的生存空间带来相应的风险。“风险社会”宣告了一个新时代的来临，一种新型社会运行机制以及一种新的社会秩序，根据乌尔里希·贝克（Ulrich Beck）的观点，风险社会与现代化不可分割，技术推动社会变革的同时会带来严重的后果。摩托车作为藏族人重要的代步工具，日常的风险系数与藏族人相嵌合。我在佐盖多玛乡的仁多玛村、嘎斯尔新寺村的小学门口看到骑摩托车接送小孩子上下学的长辈，一辆摩托车有时可以坐四个孩子，孩子还在车上嬉戏打闹，男性长辈吼着让他们坐好，调研期间我曾不止一次听到接送孩子上下学时发生的惨痛交通事故，轻则骨折，重则车毁人亡。有一次，我在嘎斯尔新寺村乡政府[①]前面与人聊天，看见闪过我眼前的一位男性穿着藏袍骑摩托车带着孩子往下走，他的藏袍厚实，一只袖子自然垂落，骑着摩托车，迎面的风将袖子向后吹起，袖子差几厘米被卷入车轮里，与我聊天

① 佐盖多玛乡有新寺、当江、德合茂、仁多玛4个行政村，下设17个村民小组。

的长辈大声吼了一声，孩子见状捅了骑车的男人后背几下，他缓缓刹车，因为已骑开有些距离，那位长辈藏语加夸张的手势告诉他袖子掉下来了，他停下嘴里念叨着什么，摩托车依旧轰鸣像是着急赶路，车上的孩子笑脸盈盈，黑黢黢闪着光亮的眼球里显然不知道危险可能在某个时间点将要发生。据那位热心的长辈讲，藏袍卷入摩托车引发的交通事故在此处不是偶然的，每年此类事件不足以引起警戒，是因为藏族人有“不拘小节”的风度，我心想这个四字成语可不是这样用的。除了藏袍被卷入摩托车的状况外，天气状况是摩托车驾驶者的最大障碍，佐盖多玛乡是合作市的纯牧区，平均海拔3500米左右，空气稀薄，进入8月下旬天气就开始突变。我曾在8月份见过满山的飞雪，2021年9月初，佐盖多玛乡迎来了第一场雪，我朋友圈的藏族朋友纷纷记录，不少人配文“2021年的第一场雪，比以往来得更迟一些”。确实，这场雪是比以往迟一些。在浪漫主义情怀下看草原上的雪，别有一番滋味……但生活不是处处浪漫，而是草原人在恶劣气候下求生存的现实图景，漫山覆盖的“银装”成为隐形的道路杀手，雪覆盖了马路和前往牧场的小路，高原地区紫外线强烈，雪在太阳升起后开始融化，加上早晚温差悬殊，融化的雪水到了下午没有太阳后又结成冰，早晨前往牧场或送孩童上下学的摩托车无异于是在冰面上驾驶，其风险系数可想而知，老人们常用“人在岸边走，哪有不湿鞋”的俗语形容风险的客观存在，摩托车常在冰上走，哪有不滑倒的呢？吉登斯在《现代性的后果》一书中讨论具有严重后果的风险并非离我们相距甚远的偶发事件，人们可以在日常生活中忽略风险的存在，但却要在心理上付出一定的代价，许多可能威胁到人们生命或者对人们有重要影响的风险，已经直接进入了人们日常生活的中心，没有一个人能够完全置身事外。

村大队部外的摩托车

从牧场下来的夫妻

面对摩托车在牧区的风险，藏族人看起来无所畏惧，迁移、游牧、商贸、冒险的长距离移动在没有摩托车前是较为平常的事项，但现代交通工具的出现所提供的恒常而密集的流动形式，使相对隔绝和凝固的人口出现地域流动，面对现代性的迁入，对他们来说是信任与风险、机会与危险的并存，摩托车只是藏族社会卷入现代性的微观一角，传统与现代的结合使地域色彩浓烈的藏族社会向更加包容且开放的文化发展。

孩子童年照中摩托车的“身影”

草原上的生活

张梅梅

牧场上，女主人早晨五六点起床挤牛奶后将牛放出，然后再把羊放出，一团团吐着白气的牦牛悠哉游哉地向远处走去，它们鼻子中好像有定位系统一般，可以准确地找到前一天啃食过与未啃食之处的交界线，它们的舌头与牙齿相互配合，仔细听就是一台缓速割草机，牦牛很安静！当有陌生人走近时它不会突然惊走跑开，这也是草原霸主被驯养千年后应有的“气度”和“见识”。牦牛低头食草，但眼睛的余光会时刻目测你与它应保持的安全距离，近看通体浓密流苏造型的庞硕之躯似一堵经历风雪的高墙，再远眺是一个个散落草原坡面上的小黑点，如此的反差倒觉得眼前之物甚是可爱。牲畜放归草山后，女主人就开始清理围栏内的牛粪、羊粪，将已经定型的牛粪收集起来放在牛粪墙上通风晾晒。牛粪在草原上是最洁净环保的燃料，其次为羊粪，再次为马粪，牲畜的粪便成为牧民财富的象征，牛粪墙越高，说明主人家牲畜越多，女主人越勤快能干。在我心中，阿吉拉毛就是一位能干的女主人，18 岁结婚的她从父母处继承了牧场，与丈夫一起守候四季轮回的草原，尽管他们也想出去看看繁华的都市生活，但始终放不下草原那处的家，我询问阿吉拉毛是否想着孩子们再长大些搬到城里住，她说："人都有命，你的命是北京，我的命是美仁草原，你从北京来到草原，你也是要回去的，我即使去北京也是要回草原来的，我们心里知道，我们不属于那里。我的孩子，我不知道他们属于哪里，现在在佐盖多玛小学，过一段去合作市里上藏中，大学也许去北京，找上工作后也许不会再踏上草原去放牧了。但我离不开，我七八岁的时候就已经帮衬着阿妈在牧场干好多活儿了。现在我的娃娃跟我阿妈在村子里，想我了就让我阿爸礼拜天或假期送过来，送过来的时候欣喜，最多不超过两天就要吵着回家，问娃娃回去干啥呢，他们说在牧场没得意思。我从小就在牧场，上过几年学，也没小孩子那么强烈的感觉，我对牧场还是很有情感的。"我能理解阿吉拉毛对牧场和草原的难舍之情，在与草原牧民的相处中，我也对草原产生了复杂的感情，回去的数个星期中怀念在牧场上的热炕的生活，也怀念在草原上大家用吃剩的酥油一起抹脸的场景，躺在草原上看夜空，捡拾牛粪烧炉子的那般自然纯朴生活竟然在回忆时是如此幸福。

一日，阿吉拉毛起身，一边给我热牛奶，一边给小女儿当子拉毛整理头发，8：00 的太阳在草原上已经相当刺眼，用光芒万丈形容也不为过，一切在光的照射下都在发光，我拉着当子拉毛走出冬窝子，竟然望着遍布动物粪便的草原出奇，当子拉毛捡起一颗羊粪蛋在手里把玩，随手又捡起一颗油亮的大颗粒羊粪蛋放在我手里，我没有出于任何的考虑，顺势将羊粪蛋在手心团成更结实的小黑球等待弹出的一刹那，看哪颗落得更远，这是我俩常玩的游戏。还记得第一次拿起羊粪的场景，看见小孩子们在村里站成一排拿出比赛的架势，手里拿着黑乎乎的一把小球，各个小球还大小均匀，孩子们摆起了儿时打弹珠的姿势，大拇指盖上放黑黝黝的小球，以食指为支点向远处弹射，心里当时还想："呦呵，这比弹珠可好太多，弹出去的也不用再捡回来，想弹多少有多少。"我在一边看着这场比赛，比孩子们还要激动，几位小孩子看见我待在旁边好长时间，他们发出邀请，"阿吉[①]，你要加入我们吗？"对于这些单纯孩子的邀请，我怎么能拒绝，其次还想通过孩子们的引荐帮助我能入户调查，田野中的孩子是善良的小天使，他们是帮助你打开陌生人房门的那把"金钥匙"，他们是田野工作者的得力小助手，我加入他们，询问手里的小黑球是什么？他们从手里捡了几颗，给我的同时表现得云淡风轻，"羊粪呀，阿吉，给（你）"，我回忆不出自己当时的表情，只觉得伸出去接"黑球"的手在半空中停滞了许久，脑子里蹦出几种接过尕让手中"黑球"的方法，直到周边小孩子捂着嘴咯咯咯咯的笑声打破我飞速旋转的脑路选择，竟然用最"虔诚"的手心向上的方式去迎接这坨黑乎乎的"羊粪弹球"，羊粪颗颗分明，用的时候捡出一粒放于手心或两指间搓成更为实心的小球，向外弹射的一瞬间，脑袋里还有什么羊粪不羊粪，那是带着荣耀的象征，那颗羊粪蛋是参与者力量与技巧的聚集。

格尔茨在《文化的解释》一书中分析巴厘人生活中的斗鸡活动，将雄鸡看作人的动物性表达。孩子们以羊粪蛋为游戏的工具，不仅就地取材，同时也反映了孩子们所处的生活环境，在这场游戏中，男孩、女孩都可参与其中，性别的划分在游戏中被暂时模糊化。在牧区成年后的男女都有自己的所属空间和娱乐活动，同村男女很少

---

① 阿吉，藏语音译，汉语意为"姐姐"。

在公开场合有集体的娱乐活动，即使是夫妻两人，在公众场合下，如果没人告诉你这两人的关系，你绝不会将眼前的人与另一边的人联系到一起，因为他俩全程也没有任何肢体接触或眼神的交流，也许交流了，我这个外来者没有捕捉到？而儿童暂时不受男女关系的此种约束，在牧区的小女孩，她们多半打扮得像小男孩，一头利落的寸头或者短发，但他们的父母在给孩子们挑选衣服的颜色上也算用心了，五彩缤纷，可是这又有什么用呢？孩子爱动的天性早已将粉色、淡灰、红色的小衣服上涂抹了本不属于衣服上的颜色，两个袖边儿都有统一的黑亮色，鞋子上沾着灰土色，裤子上一层莫名的色泽，感觉不到脏，只是屁股和膝盖两块被磨得格外亮，他们玩得乐此不疲，羊粪在空中抛物线弧度运行中各个小孩子嘴里一致发出“咻”的弹飞的声响和“嘟昂”落地的声响。“阿吉，我赢了，你看我赢了”，当子拉毛跑去羊粪蛋落地的地方振臂欢呼着，我从回忆里

同藏族小朋友在一起的欢乐时光

拔出，应声向远处走去，嘴角微微上扬，摸着她冻得酱紫的小脸，我感叹眼前这个6岁小女孩是否多年后能回忆到一个来自北京快30岁的未婚女学者在草原上与她共度的童年时光。

藏族小姑娘当子拉毛

草原上的白石头记忆

张梅梅

在6月份的美仁草原上行走一趟，绝对可以心平气和，草原上的风可没时间轻抚你的脸颊和发梢，它的力度直袭入骨，下车一瞬间不禁要抖上一抖，以至身体能快速适应外围的温度，端午前与新寺村村民贡保一家前去达宗湖[①]投宝，还剩下一些隆达，趁着农历五月初五——在藏族人看来是好日子的这一天，我同他的儿子才让开车前往佐盖多玛的神山处，神山上设有两处拉卜则，一处是美武八个“措哇”祭祀的拉卜则，另一处是佐盖五个大“措哇”村落集体

① 达宗湖，位于甘肃省夏河县王格尔塘乡达宗村，传说在此地原先只有几户牧民，人们在湖水周边的广袤之地开垦土地，家畜兴旺，牛羊肥硕，人们认为这是“神湖”的庇佑。一天，牧民经过湖边看到两头野牛在湖中心交媾，牧户不知是湖神的变身，开枪打死了一头野牛，野牛身上的鲜血瞬间染红了湖面，当年这位开枪的牧户家中牛羊全部无故死亡，他也过得贫困潦倒，他去寺院请僧人为他念经占卜，僧人提起了他早年间的恶业，让他去投掷宝瓶祭祀圣湖，以祈求神灵的谅解，并向神灵再次祈愿人畜兴旺，五谷丰登，从此每年六月间前往达宗湖投宝的人络绎不绝，在煨桑炉里煨桑后，绕着圣湖顺时针旋转，在投宝台将装有五谷、香料、珍贵矿石的宝袋系上哈达投向圣湖，边投边呼喊，还可抛撒隆达（也叫风马），但由于环境管理的困难，相关部门禁止将隆达纸片随处抛撒，所以如今大部分的隆达只是象征性地带过去。

祭祀的拉卜则。藏族人从高处借助风力向上抛撒隆达代表着向神灵的祈祷，一种美好祝福的传达，隆（rLung），直译为“风”，亦称“气”，隆达则被解释为“运气”，图齐在《江孜和西藏西部的藏族民歌》中写道：“如果一个人的‘隆达’昌盛，他就会声名显赫。”可见抛撒隆达是对运气的一种加持。我们到达神山处，这不是我第一次前往此地，五色经幡随风扬起，藏族人认为风所吹起的经幡摆动一次，相当于念经一遍，随处散落的隆达被风一吹向更远处飘去。神山通常是一个部落或一个地区抑或是藏族人共同崇拜的男性首领。佐盖多玛乡的白石头神山，当地人称之为“阿尼葛格”（“阿尼”“葛格”为安多藏语音译，“阿尼”汉语意为爷爷、有先祖老翁之意，“葛格”意为白石头）。这座神山的传说与佐盖地区美武部落社会的历史记忆有关，对探究美武部落的族源具有深刻的意义。学科背景里民族学者普遍认为族源神话并不等同于真实的历史，但部分又源于真实的历史，马林诺夫斯基在《巫术、科学、宗教与神话》一书中阐释历史与自然环境必然会在一切文化成就上留下深刻的痕迹，神话上也将出现深刻的印痕[①]。佐盖地区的这块白石头形成的神山则为族群提供了一个有特定意义的历史和依据。白石头所在之处是美仁大草原合冶公路通往康多大峡谷和莲花山等景区的路段，此前我调研时，老一辈就说起这块石头是佐盖多玛乡的神石，在广袤无垠的草地上，这块石头与周边的岩石结构完全不同，通体呈白色，捡起一块散落在地面的碎石，洁白如玉，只是由于常年的风雪侵蚀山顶和缝隙处，留下了黄褐色的水锈，白石头为石英脉体，长 10

① ［英］马林诺夫斯基：《巫术、科学、宗教与神话》，李安宅译，上海社会科学院出版社 2016 年版，第 120 页。

米、高约8米、宽约8米。庞大的脉体在地质学上被称为岛山，英文为Inselberg。通俗来讲，岛山是指一座凸起、孤立、残余的小山包，或有环状侵蚀作用形成的山体，其形状普遍呈圆形，表面光滑，孤独地在一片被侵蚀的平地上坐落。

世界各处有数以千计的岛山，世界最著名的澳大利亚中部地区的艾尔斯岩（Ayers Rock）和奥尔加岩（Olga Rocks）也是在一片平坦的荒地上突起的石头。以艾尔斯岩来说，石头高达300米，周长近万米，硕大的脉体出现在广阔无垠的沙漠之地，已超出了早期先辈们的认知范畴，在“万物有灵”的崇拜中，艾尔斯岩逐渐被澳洲原住民阿纳古人信奉为圣石，每年特定时期他们围绕圣石举行祭祀活动，此外，当地人还将神秘的石头看作宇宙的中心和祖先神圣的住所。回观佐盖多玛的白石头山与艾尔斯岩，它们既有共通之处，也有较大的出入。白石头属于岛山的地质学概念，关于岛山的研究中，迈克·奥尔德（Michael Oard）认为岛山不可能有亿万年那么古老，岛山的形成是根基性的，早期石头曾埋于地下，当周边的地貌被洪流剥蚀后，一些顽固的部分依旧留存，形成平地上高耸孤立的部分，根据迈克的观点去看佐盖多玛乡白石头周围散落大小不等白石的原因，是由于草原上长期的冻融风化作用导致山体石块不断脱落的结果。藏族是一个充满浪漫神话传说的民族，地质学知识可不是他们追求浪漫的有效表述。老人娘高说：“‘佐盖’与四川的‘若尔盖’在藏文拼写上是一样的，只是音译过来汉文的写法不同，我们佐盖地区的人从若尔盖迁过来，这块白石就是从四川若尔盖草原跟着我们一起迁过来的，石头原本是往更高的山上飞去，但是草原上的一位牧女早起放牧牛、拾牛粪，看见了一块石头向草原飞过，见天快亮了，石头就落在了佐盖多玛的美仁草原上，佐盖多玛的白色石头是四川一座叫‘阿尼拉高’神山上的一块，这座山头到现在都有一个跟佐盖多玛白石头大小形状相似的缺口。”民俗学家认为神话传说的隐喻常与真实的历史相连，神话传说是社会群体对历史的形象记忆，体现了一个民族理解历史、了解历史的过程，佐盖多玛白石头印证了佐盖地区当地藏族人的族源记忆。

佐盖地区是甘南藏族自治州合作市下辖的地区，佐盖地区分为佐盖曼玛镇和佐盖多玛乡，“多玛”和“曼玛”分别意为“上”和“下”。“佐盖”地名的由来，据当地老者说，第一代藏王聂赤赞普没有子嗣，常常向上天祈祷赐予自己一个孩子，在一次向上天的祈祷中，伴随自然的异象，一个童子降于赞普眼前。赞普如获至宝，以“噶”[①] 为降生孩子之名，噶之后裔四个儿子分成四部，大儿子为“虎纹部”，藏语音译“达日坚”（stag rus tan），他的后裔世代兴盛，到藏王尺热巴金时，其后裔噶·益西达吉成为藏王的大臣，他被派遣到四川阿坝、松潘以及若尔盖等地区征收赋税，到达若尔盖后，认为此地区是风水宝地，便落户为家，当地的百姓因他是藏王的总管大臣，就十分拥护遵从于他。他在这里娶妻，生了五个孩子，此后发展为上、下佐盖，长子继承了噶·益西达吉的领导职务，生了两个儿子，名叫姜地和傲地，“姜”意为“聪慧”“睿智”，“傲”意为“锋利”“尖锐”，兄弟二人聪明能干，在长期的管辖中，两人觉得若尔盖虽有广袤的牧场，但自然气候给人们的生活带来极大不便，加之不适宜进行农耕，人们的生活物资很难得到满足，考虑到农牧交换困难重重的现实条件后，便决定另寻一处肥沃的土地以谋求生计。他们从若尔盖分成两路，一路由西向东迁移，沿白龙江而

---

① “噶”为藏语音译，汉语意为“高兴”“欢喜”。

下向迭部地区入驻；一路沿着草山向东迁移，沿洮河向卓尼境内定居，但也有一部分人留居若尔盖的“朗格多”。经过几代后，土官罗哲桑与其他部落间因发生利益争执，遂将其部落头人杀害，面对仇杀，部落成员长期刀剑相向，同部落成员商议后决定被迫迁移，这部分人也被称为“佐盖热合东巴”，意为“在佐盖居住过的流浪者”。他们一路逃亡加迁移，到达现今合作市下辖的佐盖曼玛镇的美武地区。“美武”在藏语中有“不洁净的人”“杀人者”之义，再经过几代之后，迁移至此的头人后裔松塔儿生了五个儿子，五个孩子各娶妻生子，繁衍成佐盖地区有声望的佐盖五部落，后来便演变为佐盖的地名。

在《安多政教史》一书的记载里，关于“佐盖”的来源有较为详细的介绍。大约12世纪末，佐盖尼玛部落先民世代定居于四川若尔盖，过着游牧生活，地区部落中的某一代头人娶三位妃子，分别为热卜萨、达让萨和巴萨，三妃子各生一子长大成人，后来头人在叫巴的地方去世后，长子和二儿子想要寻找堪舆家，为父亲觅一处繁荣之地，但这样的地方很难寻找，最后商量安葬于对三个儿子都繁荣的地方，三个儿子逐渐繁衍成三部，各自管理所属地界。热卜萨的儿子作为长子，承袭其父管理麦多，其后裔现称为佐盖多玛部（今四川若尔盖县一带）；二儿子为达让萨所生，他管辖“玛”“麦”“噶”三地之间的区域，其后裔被称作佐盖仙麦部（今若尔盖县麦区一带），该部落中又分出娶唐萨妃所生后裔一支，称为塘果尔部（今若尔盖唐克区）；三儿子为巴萨妃所生，是尼玛部落始祖，其后裔为罗哲桑，13世纪，他的后裔中有拜洪布、浪哇洪布、热合东洪布和佐盖五部洪布，发展为不同的部落。

两则故事中说明了合作市下辖的佐盖地区藏族是从四川若尔盖

白石头神山

地区向此处不断迁移的，佐盖五部落分散在今合作市的佐盖多玛乡和佐盖曼玛镇境内，佐盖地区东部与卓尼北山一带相连，西南与卓尼的完冒、合作市那吾乡境外的多噶尔部落和簇四部落接壤，西北与簇、卡加部落毗邻，北部与临夏和政县相邻。从地域上看，迁移的路径与现实的接壤区域相符，每年藏历五月初，四美武部落所属的几个村子上、下加科村，上、下浪坎木，卡浪，齐饶，以及洒索玛、知合江、洒赛玛等藏族村落的村民皆到白石头处的拉卜则祭祀山神，佐盖其余四部落即日多玛部落、那道部落、洲格部落、囊哇部落所属的村落也在白石头处祭祀，恢宏的场面使每个人都备感肃穆。每年的插箭祭祀活动中，每家出一名男性前往白石头处举行祭山神仪式，寺院中的佛爷要念经，在国家未收缴枪支时，男性骑马挎枪穿藏装才可参加，向山神煨桑后，集体向天空鸣枪以显示山神的威严。在插箭结束后，男性会在平坦开阔的草地上举行赛马、大

象拔河等娱乐项目，来自各村落，但同属一个部落的藏族人相聚，加强了村落与村落之间的联系，与此同时，也构筑了群体内部集体的社会记忆，散落于草原各地的藏族在此时融合成一个整体，“天外飞石”的白石头成为佐盖地区的吉祥圣石，也是佐盖地区每个藏族人对族源的认同。

佐盖多玛嘎斯尔新寺村夏季风貌

草原上的小黑：我与红嘴山鸦的故事

张梅梅

我与朋友扎西东珠、道吉才让一起前往佐盖多玛的白石头处，他们两个是长相帅气的“90后”小伙，与他们同行真是心情大好，道吉才让是佐盖多玛乡的干部，扎西东珠则是一位大学生。白石头处为佐盖五部“措哇”祭祀山神的地方，而随着人口的不断流动、旅游业的不断兴起，矗立在美仁草原的白石头不仅成为游客打卡的圣地，也是甘南当地藏族青年男女结婚时所选的外景之一，扎西东珠调侃我说：“我们都来这里拍结婚照，你找个我们藏族小伙子嘛，结婚的时候可以来这里拍一组，藏服一穿，多有感觉。”我莫名地笑起来，心想找个藏族小伙子也不错。他俩在白石头前抛撒了隆达，嘴里发出“拉加罗”① 的吼声，顺时针绕着白石头转时头上盘旋着几只红嘴山鸦，它们的叫声并没多好听，草原上的风很大，我的头发被吹得四处乱飞，只好从包里拿出发夹，把头发盘了一下，我往

① 拉加罗，藏语音译，汉语意为“神必胜”，是一种对神灵的尊敬，同时也起到震慑的作用。

天上一看，那几只通体乌黑的山鸦被吹得来回晃动，想必天上的风比地下的风更猛烈，我顺势把冲锋衣的拉锁继续往上提了提，此时几只山鸦的叫声更加急促，抬头望它们在空中加紧追逐，嘴巴相互在头顶上猛啄，可能到了交配的季节，鸟类在为争取配偶大打出手，人类都有此等行为，何况鸟类呢，难不成它们想在白石头处一决胜负，在白石头前赢得配偶的所属权？我们继续绕着白石头转，渐渐感觉除了绕耳的风声外，好像少了些叫声，看来这场战斗进入了中场休息阶段或者已然分出胜负。我跟扎西东珠、道吉才让打趣地说："不知哪只山鸦最终能抱得美人归。"他俩停下脚步，道吉才让接过话："我们这里的红嘴山鸦凶呀，每年五月到七月间，你在各处的山崖处、河谷地带都可以看到，它们的巢穴在一些悬崖峭壁的缝隙上，有的在岩石洞边可避雨、可容身的凹陷处居住，像白石头这个地方，绝对是它们筑巢的理想地方。"说话间，白石头上方发出了山鸦的叫声，扎西东珠将他被风刮起的厚密头发往后拢了拢说："我们草原上与山鸦是和谐相处的，它们的日子过得惬意呀，它们不需要飞往别处去觅食，我们来这儿煨桑，有酥油、清水、糌粑、青稞等对我们来说好的东西，有时也带着水果上来，你看那边的宝（瓶）"，他指着堆在一旁布袋子做成的宝瓶，我望向一处缝隙凹痕处，那些宝瓶像"存粮仓"一样被置于一角，我常在祭湖、祭海仪式中见到此种祭祀物品，宝瓶内装满了青稞、小麦、豌豆等粮食，有些宝瓶也将珍贵的珊瑚、蜜蜡、玛瑙或者香料的粉末混合后加入宝瓶中，看着一堆宝瓶处散落的青稞籽和石头处的小昆虫，这群以植物果实、种子、昆虫为食的山鸦在此处的生活也许真像扎西东珠说的那般惬意吧。

我们继续转着，恍惚间，眼睛像定焦距一般在白石头崖壁下锁定了一只红嘴山鸦，我们慢慢靠近，它缩着脖子，紧闭着双眼，美仁草原上的风一阵阵袭来，它的身子被吹得来回晃动，身上的羽毛一会儿被吹顺，一会儿被吹起，它倔强的爪子死死抓住地面，我不知道它怎么了，离它一米远，也不见它有飞走之意，我又向前靠近试探，它仍不睁眼，刚听道吉才让说过“我们这里的红嘴山鸦凶呀”。我比较怂，生怕它用坚硬的喙啄我，万一这“一小团”生气起来啄我眼睛，那可就麻烦了，脑补了危险画面后，从旁边找了一根小棍子轻轻戳动它的身子，它没睁开眼睛，只是动了一下爪子，我又戳了一下它，可能惹恼它了，它扑腾了一下翅膀，我的妈呀！我扔下小棍子连忙抱头，怕它袭击我的眼睛。我的举动可能太过敏感，惹得一旁的扎西东珠和道吉才让哈哈大笑：“不是吧，这么个小东西你害怕？”我听没动静了，便把手放下站了起来，白了他俩一眼，我说“你不怕你来”，这两个人，你看看我，我看看你，竟然最后说了句“谁看见的谁来”。道吉才让问我打算怎么处理，目前来看显然是受伤了，我壮着胆子给它检查一下，伸开翅膀，它能自由收缩，应该不是翅膀的事情。草原上的天变化极快，几朵乌云笼罩，光线越来越暗，看着浑身抖动在乱风中的这只山鸦，心中莫名一股心酸，这么冷的天，如果它受伤，加上草原上的鹰和秃鹫再发现它，那这只山鸦想必只能是死路一条，我想带它回家先养着，等山鸦康复后，再让道吉才让开车将它送回美仁草原，扎西东珠找来装过隆达的空盒子，我缓缓将这只黑黑的“一小团”放入空盒子，它没有反抗，我不知道是它的疼痛胜过惊恐，还是像藏族阿爸常给我讲的“动物都是有灵性的”，知道我是出于好心想救它。我将它连同空盒子抱在怀里，一股子血腥味直入鼻腔，我心里“咯噔”一下，它紧闭双眼，我心里默念最好不要伤到眼睛，天已

经被乌云遮盖，扎西东珠开车将我和道吉才让送回我的住所，为了方便。我在合作市区租住了一间小屋，严格来说，道吉才让便是我房东的儿子。

下车后，急切开灯查看山鸦的受伤情况，突然一阵阵心痛袭上心头，受伤的部位就是我当时最担心的眼睛，我祈祷不要是被啄瞎，只是被啄伤，休息两天就好。我暂住的地方没有受伤所备下的药物，便急忙向外跑去寻找附近的医药店，当时已经19：40，医药店多半已关门，这时的雨越下越大，因为着急外出，也没带雨伞，浑身湿漉漉，鞋子也在雨水里泡湿了，心里更是着急默念“一切都没事儿，一切都会好的”。终于看见一家诊所亮着灯，我像看见了救星，急忙向医生索要了碘伏、棉球、金霉素、云南白药粉、绷带以及抗生素，医生问我病人哪里受伤了、多大年纪，我心里哭笑不得。我家鸟被啄伤了，我要怎么回答您提出的疑问呢？医生可能见我心急，也没再问一遍，我接过药，支付药费后撒腿就往家赶，一个劲儿地念叨“挺住呀，挺住，小黑”。回家后它依旧站在我回来放它的地方，一只眼睛完全看不清，一只微微张开一点缝隙，我拿来碘伏给它眼睛处消毒，它来回缩头不让我靠近，这样下去可如何上药，我叫住在下边的道吉才让过来帮忙，他轻轻安抚小黑，我给它上药，用棉球蘸着碘伏擦拭着它的左侧，血腥味道混着羽毛的气味涌出，整块棉球瞬间被染成红色。我也忘了换过多少块的棉球，用棉棒轻轻剥开它左眼处的羽毛，我竟然找不到它的眼睛，我的手在抖，它的眼球被啄伤，不断向外渗出的血液是从眼睛里向外冒出的，棉球在它眼睛周围轻轻擦拭，顺带着一块黑色的血球——那是破损的眼组织，我不知道这只山鸦正在遭受着多大的痛，我只能尽自己最温柔的力度去帮它处理伤口，清洗伤口后，给它眼睛周围涂上了金霉素和云南白药粉，用绷带缠上，在一旁的大男孩道吉才让也在心疼这只小家伙，它还是一个劲儿地想挣脱道吉才让的手，但已没有了多大力气，上药结束后它退了一小步，眼睛又紧闭起来，缩着脖子伫立在一旁，我们观察了一个小时决定离开，因为藏族阿妈叫我过去吃饭，我收拾好东西，同道吉才让一起离开。他跟我说：“你别跟我阿妈、阿爸说起你救了一只山鸦，带到了家里，我不确定他们会不会生气，我们家有敬奉的神，乌鸦进家可能有什么不好的说法，你住的地方没有神像，应该是没事儿的，你可记住了，别说漏嘴。”这成了我们之间的秘密，晚上阿妈说下边冷，担心我晚上被冻醒，在高原上感冒，说什么也要让我留下，可我心里还想着那只小可怜，好在我离开时给它放了道吉才让从多玛给我打的清泉水和一些面包屑。

第二天一早，天气明媚，感觉是不错的一天，道吉才让因为不上班，同我去了我的住处，一进门我喊小黑、小黑，它睁开了眼睛，但身子没有动，道吉才让托着它的身子，我给它拆开纱布上药，眼睛处鼓起宛如酸枣大小的包，显然是化脓了，我用棉球蘸取碘伏清理化脓的眼睛，对小黑来说，这个换药的过程可能又是一次痛苦的地狱式折磨，将它包扎好，它又呆呆站在那里，闭上仅剩的一只眼，我重新换上清水和从阿妈家拿来的一些青稞籽和大米粒儿，以备小黑在饿的时候能顺利进食，由于调研工作的进度安排，我给它准备了两天的食物。我搭车前往我的田野点，扎西东珠在乡上办理手续，围了一堆人，有我认识的，也有不认识的，我跟他们打了招呼，扎西东珠问我山鸦怎样了，我回答“瞎了一只眼，命保住了”。周边的藏族群众都转过头看我：“哦吼吼，阿么（你）救了个乌鸦回家？”我更正道：“不是乌鸦，是红嘴山鸦。”一位藏族大叔跟我说：“你救了它会有好福报的，我们藏族人并不与你们汉族一样，认为乌鸦

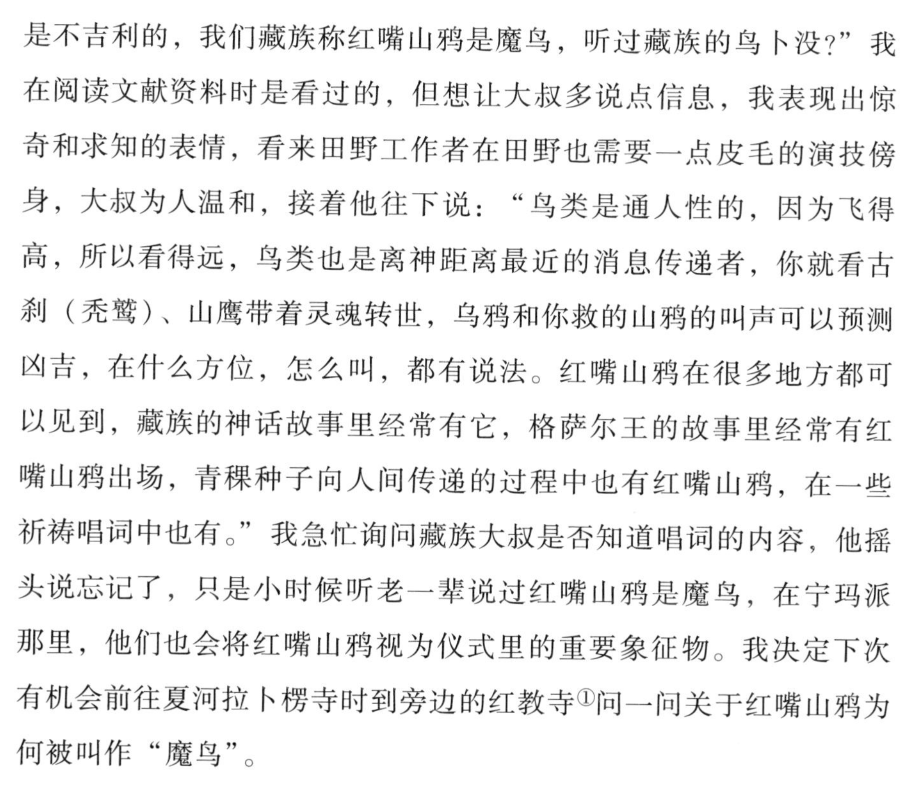

是不吉利的，我们藏族称红嘴山鸦是魔鸟，听过藏族的鸟卜没？”我在阅读文献资料时是看过的，但想让大叔多说点信息，我表现出惊奇和求知的表情，看来田野工作者在田野也需要一点皮毛的演技傍身，大叔为人温和，接着他往下说：“鸟类是通人性的，因为飞得高，所以看得远，鸟类也是离神距离最近的消息传递者，你就看古刹（秃鹫）、山鹰带着灵魂转世，乌鸦和你救的山鸦的叫声可以预测凶吉，在什么方位，怎么叫，都有说法。红嘴山鸦在很多地方都可以见到，藏族的神话故事里经常有它，格萨尔王的故事里经常有红嘴山鸦出场，青稞种子向人间传递的过程中也有红嘴山鸦，在一些祈祷唱词中也有。”我急忙询问藏族大叔是否知道唱词的内容，他摇头说忘记了，只是小时候听老一辈说过红嘴山鸦是魔鸟，在宁玛派那里，他们也会将红嘴山鸦视为仪式里的重要象征物。我决定下次有机会前往夏河拉卜楞寺时到旁边的红教寺①问一问关于红嘴山鸦为何被叫作“魔鸟”。

红嘴山鸦属山鸦类中大型鸦类的一种，山鸦类属中有红嘴与黄嘴之分，成年红嘴山鸦体长 45 厘米左右，全身羽毛成油亮的烟黑色，喙细长且带一定弧度，从嘴尖到嘴边缘逐渐从红色到黑红，扇形羽翼展开在空中，可以自由翻转完成高空动作，合拢后如同身穿黑色燕尾服的绅士，脚呈污褐色，有利钩。无论是红嘴、黄嘴还是黑嘴，都被藏族人统称为乌鸦。

藏族人对乌鸦的态度大体有两种态度：一种是如道吉才让一样

① 红教寺，是拉卜楞寺的直属经院，是藏传佛教宁玛派寺院之一，尊奉莲花生大师为祖师。汉语俗称宁玛派“红教寺院”，红教寺的法名由五世嘉木样赐名，藏语音译为“桑青满杰林”，汉语意为“大密兴盛洲”，当地的僧人称为“拉卜楞俄化扎仓”，意为“拉卜楞密乘经院”。红教寺大经堂是 1946 年五世嘉木样择址决定开始修建，春季开始动土，秋季竣工落成。

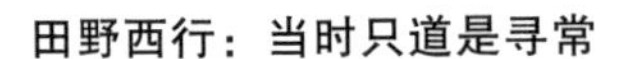

态度中立的人，既认为乌鸦是不祥之鸟，又对生命抱以敬畏之心；一种是类似于藏族大叔一样的，将乌鸦看作神圣通灵之鸟。乌鸦可在海拔 3500 米以下且有人和牲畜的广袤之地生活，所筑的巢在高山崖壁处，对从小在汉语学校学习并且在市区里长大的道吉才让来说，接触到乌鸦的机会少之又少，他早期接收到的乌鸦形象皆来自课本中的童话故事和父母亲对乌鸦的态度，他的母亲来自甘肃迭部农区，当地依然保留本教习俗。2019 年夏天，我前往迭部，一路上树木林立，郁郁葱葱的松树整齐地排满山坡，林中鸟鸣声四起，到下午太阳快落山时乌鸦黑压压一片飞过，“啊啊”的叫声不止，着实让人心烦意乱，他的母亲见怪不怪地说：“这么多乌鸦往一处飞，叫声这么急，山里估计死了小牛或者刚生下小牛的胎盘在山里掉落了。乌鸦嗅觉敏锐，它最喜欢鲜血和腐肉的味道。”在他母亲心目中，乌鸦与死亡和腐烂的不洁净之物相连，其次因为生活于农区，在她的记忆中，每年庄稼成熟后成群的乌鸦会到田间偷吃庄稼，有时乌鸦还会攻击落单的小牛和羊，对于影响农业生产和骚扰牲畜的乌鸦，村民将之视为害鸟。他母亲很小就与汉族同学在兰州一起学习文化知识，从她对乌鸦的认识和一些俚语的掌握中，也凸显了她对乌鸦的态度，在一次简要的访谈中，她表达了对乌鸦的不喜欢：“乌鸦在林子里上百只的集结，尤其太阳快落山后发出的声音让人瘆得慌，它们在林子里发展的速度还很快，偷吃别的鸟类孵的蛋，有时候还吃雏鸟，反正只要一听到乌鸦的叫声，就觉得不好的事情可能要发生。”她并没有将乌鸦看作当地本教文化所谈及的神鸟或魔鸟，相反认为是一种灾鸟，有了汉文化中将乌鸦视为告密者的隐喻，将其划为狡猾和聒噪的动物分类中的认识。道吉才让的父亲来自夏河拉卜楞寺周边

的村子，他提起寺院旁边的煨桑炉处和抛掷朵玛[1]的栅栏处以及堆砌垃圾的地方，经常可以见到乌鸦在捡拾吃食，有时也出现打斗的场景。他的父亲说之前天葬时古刹（秃鹫）将亡者身体分食后乌鸦也会清理现场，它们也是人转世的功臣，但乌鸦在引领人们灵魂转世上却未能得到应有的称赞，它的功劳被埋没，人们对乌鸦的态度不怎么友好。在父母亲的影响下以及自己所学的课本中，道吉才让将浑身通黑的乌鸦也视为不吉祥的鸟类，而在接受高等文化知识的过程中，他对人与自然的和谐共处却深有体会，对自然生命抱着尊重之态。藏族大叔认为乌鸦是神圣之鸟，也源于他对自然的敬畏，在藏族文化中，尤其是早期的本教文化中将乌鸦看作“人的估主”“传递神之旨意”“精于神灵秘法”“可通万物”的神鸟，乌鸦鸣叫的声音及所属方位“可辨凶吉” “为神鸟供奉朵玛”，以求大吉之兆。

敦煌藏文文献记载中有六份关于鸟卜的文献，可以看到早期藏族人通过乌鸦征兆预测凶吉的状况，藏族人试图通过结构性的归类去认知自然的恒常无序，从自然生活实践出发，将自然的灾害与积累的事件和经验相结合去认识事物发展的规律。乌鸦生活于草原上，每日展翅出没于各处，在宗教场合以及各种仪式上，当地人都会煨桑，乌鸦都能在嗅到桑烟后振翅前往，对人们来说，乌鸦成为常见

---

[1] 朵玛，藏语音译，汉语意为“食子”，通常是用糌粑、酥油制作的供神施鬼的食物供品。“朵”在汉语中有“抛”“切开”“分撒”“摧毁”之意。“玛”既可作为名词，专指仪式上所用到的祭品统称，也可从词意本身出发解读，“玛”是母亲之意，可指积累功德之母，将食子供奉给本尊、护法神以及作祟的邪魔厉鬼。在仪式结束后通常要将朵玛向外抛撒，根据供奉的神灵，所捏制的朵玛形状、颜色，所用到的物质和大小都有明显区别，供奉与抛掷朵玛的位置也不同，有的祭祀神灵后，在场的人可以分食以获得神的祝福，而有的朵玛会在煨桑中烧毁或将制作的朵玛念经后抛在十字路口或深沟中。

的鸟类，乌鸦也会根据自己所在的不同地域和传达的信号发出不同的叫声。根据路易斯·拉斐博尔（Louis Lafibol）和约翰·马兹鲁夫（John Marzluff）的研究表明，乌鸦的智商在鸟类排名中为首位，乌鸦的辨别和学习能力很强，能在短时间中记住人的长相并能分辨出不同的表情。我不指望我救下的小黑能认识人，有多强的学习和辨别能力，只希望它活下去，能回归自然。

在田野的两天里，我满脑子是小黑可怜缩在一角的场景，担心它是否能存活下来，在新寺村过了两天后我回到住处，开门叫小黑，小黑用“哒哒”的叫声回复了我，悬着的心放下来，把道吉才让又叫下来准备给它再上药，道吉才让需要用力才能按住它来回抖动的脑袋，这小家伙显然好多了，只是它一紧张就会拉稀，又没吃东西，哪来这么多鸟屎，只好找来卫生纸擦拭。此后，每天我回去就会叫它小黑、小黑，它每次都回复“哒哒，哒—哒”，四五天后，它已经可以从客厅溜达到我的卧室，再在屋子里拉屎，而我每天回去的重要工作之一就是清理鸟屎，我生气地叫小黑，它又在“哒—哒哒，哒哒”地叫，有它的陪伴，真的度过了美好的一段时光。一星期后我帮助它试飞，检查翅膀有没有受伤，唤它过来，把它放在我胳膊上，它尖锐的爪子透过我的毛衣缝隙直接刺在皮肤上，一阵刺痛感被迫让它空降，拿起一条厚实的毛巾垫在胳膊上，一手在后方随时保护它，一上一下，它的翅膀在振动，我心中是无限的欣慰。小黑的情况有所好转后，我因为学校一些事宜要回去，道吉才让便接过照顾小黑的任务，看着小黑的状况好转后，一个阳光明媚的下午，道吉才让和我通过视频放飞了这只待在我屋子里两个多星期的小黑。小黑在自然界中过得不知如何，但道吉才让说放飞它的三天时间里他都到原地去看看情况，放在一边的水和食物未见动过的痕迹，可

白石头处的“宝瓶”

冷风中的小黑

隆达空盒子装小黑

给小黑上药

恢复体力后的小黑跳上桌台

放归自然后道吉才让拍到小黑的最后身影

小黑再也没出现过，他相信小黑应该大难不死，必有后福。我不知道小黑以后会怎样，但我看到了草原上坚强的生命力。回到学校后，北京的乌鸦在树枝和电线杆上“啊啊”“哇哇”地叫，原先觉得不祥和聒噪的叫声，竟让我思绪飞到了草原，飞回到白石头处，让我念起了那只“独眼小黑”。

独在他乡为异客

向锦程

从某种意义上来说，田野调查者就是一个异客，而这个异客还时时想着走进他者的世界，可这谈何容易！抛开认同，单论语言、行为、饮食，就会让你时时牢记住一点，对于双方来说，你我都是“他者”。我第一次独自来青海黄南藏族自治州泽库县和日村做田野调查就遇到了这样的问题，语言不通可以找翻译，行为不一可以照猫画虎，顶多东施效颦，惹来村民一阵哈哈大笑，这反而能增进感情，但饮食差异，对于我来说，则无法将就。

如果有人问，高原上的夏天你最喜欢做的事儿，那我肯定会说：采蘑菇。

受限于特殊的地理环境，想在高原上吃上粒粒喷香的米饭和荤素搭配适当的美食，那无异于痴人说梦，虽说在镇上可以买到肉、蛋、禽、蔬菜，但是买回来后，没有炊具，没有人会做，也是略显无奈的事实。所以平时大家都是吃糌粑、馍馍，当然也会吃肉，偶尔吃一顿羊肉揪面片，那可香了！当然，如果不想吃糌粑、馍馍、

水煮的牛羊肉，可以花费几十块钱去镇上吃炒拉面，香是香，但是无奈荷包羞涩，除了偶尔吃一吃，解解馋，根本起不到任何作用，因为常吃的话，回程的路费都会被我吃完。在“食不果腹”——“肚子饱了，但嘴巴没饱”的状态下，我往往容易三心二意，集中不了精神。为了根治这个毛病，我尝试了多种方法。例如，发点狠，饿上自己一两天，可还没等到第二天，就忍不住饥饿，大晚上都会央求翻译角巴，带我偷偷跑到镇上的小商店挨家挨户地敲门，希望买到方便面泡着吃；抑或是猛吃糌粑、馍馍，为了吃起来更有味道，还特意涂点老干妈辣椒酱，角巴家平时没有这个辣椒酱，阿妈知道我是湖南的，特意叮嘱阿爸买的，但往往没吃几次，“老干妈”就没了，因为冷了的馍馍像块海绵一样，一下就把辣椒油吸没了。

有一次访谈结束回来后，看见阿妈正在火炉边的铁皮上烤着一块白白的东西，放了点黄油、糌粑粉，娴熟地撒了点盐后，香气扑鼻而来。“这是什么？”我好奇极了，不停地吞咽着口水。“来试试，包你终身难忘”，角巴小心翼翼地给我卷了一块，放到我嘴里的时候，我都没有吃出是啥东西，总之味道好极了，三下五除二便吃掉了好几块。“这是蘑菇，”角巴不紧不慢地说道。我惊诧地问道：“野生的？草原上长的？”角巴的妹妹南措吉答道：“草原上什么都有，更何况是蘑菇呢！”“走，哪里有？带我去，多去采一点，晚上改善伙食。”我说完就拉着角巴兄妹俩往屋外跑。

因为是刚下过雨，天显得特别低，阳光从几片静止不动的云彩中穿行而过，洒向一座山头。“那里肯定有蘑菇！”南措吉高兴地吆喝着，跑在我们的前头，不时回过头来，摇动着双手，招呼着我们快点走，可她哪知道，我再跑可能就要“断氧”了，对于一个南方人在高原上做此等剧烈运动，无疑是个巨大的挑战，但是一联想到

一大窝蘑菇正向我招手，这等诱惑下，我便不自觉地加快了爬山的脚步。

看山不高不远，爬起来可真要人命。“世之奇伟、瑰怪，非常之观，常在于险远”，诚不可欺也！寻寻觅觅，兜兜转转，漫山寻遍后，终于在一处阳面发现了一大片才露圆圆角的白色蘑菇，煞是惹人垂涎，找到后心里一块大石终于落地，晚餐有着落了。站在高处，角巴看着连绵起伏的草原说道：“我们是很爱惜草原的，就像这蘑菇一样，都是草原带给我们的礼物，但是今天找了很久才找到蘑菇，我小时候就不会出现这样的情况，那个时候住在山上，环境很好，出了帐篷就可以采到蘑菇，但现在不行了，牛羊多了，有小汽车了，但是童年的快乐没了。”

他说完后，我也久久不能平静，或许这是他的内心独白，只有真正背井离乡的人才能读懂其中的不舍和回忆。为什么和日村的小孩从不将生活垃圾丢弃在草原上，因为他们从小就在耳濡目染中，知道草原是他们赖以生存的根基。随着时代的变迁，为了保护三江源，角巴父辈这一代响应政府的号召，从山上搬了下来，定居在政府修建的生态移民安置点上，或许对于他们来说，山上才有他们永远回不去的家，儿时的蘑菇、帐篷、策马、扬鞭才是家的感觉，而现在居住的红砖瓦房，用来行走的水泥路，用来运输的小汽车，对于他们来说，都是要逐渐去适应的“他者”。

正月十五的馈赠

向锦程

2016年2月17日至28日，这是我第二次下田野，历时10天。这是我第一次自己一人去田野点——青海和日村，此行目的主要是考察冬天生态移民的生产生活情况。走在冬季的草原上，有时风沙强劲，一不小心就会一个趔趄；有时天气非常好，晴空万里，可以望见远处的雪山，但风依然强劲。

农历正月十五的前一天晚上，翻译角巴准备了一套藏袍，让我穿上，他说："我们这个地方天气寒冷，看你虽然穿得厚实，但是走在路上的时候，蜷缩着身子，头埋进衣服里，活像一个四五十岁的小老头，不好看。"说完，角巴、泽霸两兄弟就要帮我换上藏袍，但说实话，我并不想穿藏袍，因为不管怎么看，藏袍那么大，穿在身上，都像是衣架上晾晒的衣服一般，随风飘曳，肯定会四处漏风，谈何保暖，还没有我在淘宝上购买的特制高原防寒羽绒服暖和，更何况藏袍还没有衣袋，我随身携带的笔、调查问卷、录音笔也没地方可放，想到这些，我便摇摇手，表示婉拒他们的美意。角巴看出

了我的纠结和无措便说道："向巴（角巴的阿爸给笔者起的藏族名字，寓意高大、威猛），明天是我们的重要节日，换上藏袍才能参加，你不是总说要跟我们同吃同住，感受藏族文化嘛，明天就是个好机会，所以换上吧，而且藏袍其实很暖和，也可以放很多东西。"角巴说完以后，我转念一想，作为做田野调查的人，把自己当作本地人，不应是最低的要求嘛。想通这一点后，我便不再纠结，换上了藏袍。

第二天，天蒙蒙亮，角巴就把我叫醒，换上藏袍，在院子里草率地漱了漱口、洗了把脸，拖上我就往和日寺方向走，一路上空气格外冷冽，但却觉清爽，东边的太阳也已经跃跃欲试想跳出远处的地平线，远处的山坡上披着一层皑皑的白雪，冰冻的小河宛如一条洁白的哈达从角巴家的房子前飘然而过，此番景象与我刚上高原那几日相差甚大，犹记得冬日初上高原时，极目远望，牧草稀少，寒风刮在脸上宛如刀割，卷起裸露的尘土，霎时黄沙漫天，难辨东西，只能低头踱步，就算用口罩捂住口鼻，也难以呼吸到不带沙尘的空气，心想高原上的冬天怎么与南方初夏一般，一天一个样！活像变脸。正当我纳闷时，角巴拍了拍我说道："向巴，看，（人）都出来了。"让我没想到的是，此时村里男女老少一个个都出来了，平时不怎么穿藏袍的村里大学生，也换上了藏袍，看到我和角巴，热情地跟我们打招呼，还略带开玩笑地说："向巴穿上藏袍更像藏族小伙啦，要小心，不要被哪家藏族小姑娘看上了，就回不去了。"大约走了 20 分钟，我们便到了和日寺，虽说我基本天天都会来和日寺转一圈，但没想到今天会有这么多人，有的拿着转经筒，有的捧着洁白的哈达，还有的抛撒着风马，嘴里诵念着经文，步行缓慢，围着寺庙转圈。角巴说："你们那儿今天是元宵节，而我们这儿今天是晒佛节，是一年当中很重要的宗教节日，和日周边地区的老百姓今天都会来这儿，有的还会从泽库县城赶过来。至于他们围着寺院转圈，就与转石经墙差不多，是为了消灾祈福。”正当我听得津津有味时，突然一声牛角号声响起，几十名身着黄色僧袍、头戴黄色僧帽的僧人抬着一根目测几十米长的“柱子”出现在了众人面前，随后几十名僧人便抬着这根“柱子”往山里进发，后面陆陆续续跟着密密麻麻的信众。角巴吆喝一声，意思是让我加快脚步，一同跟上。因为是进山，需要爬坡，或许也因为走得太急，穿得太厚重，等我喘着粗气追上停下已久的“大部队”时，映入眼帘的是一幅长近百米、宽 50 多米的巨型佛像，正被僧人自上而下展开，佛像顶部整齐地站着一排僧人，佛像周围及周边山脚围拢着密密麻麻的信众，当佛像完全铺展开来，所有人齐刷刷地面朝巨幅佛像跪倒，行三叩之礼，

晒佛节盛会

嘈杂的环境也变得安静，只能听到彼此的呼吸声和诵念经文的声音。

正当我惊讶、感叹之时，角巴赶紧将我拽倒，让我跟着大家一起做。也就是在那一刻，虽说我不信仰宗教（当地信众信仰藏传佛教宁玛派，俗称红教），但当佛像完全展开，使我仿佛坠身于一个纯净洁白的空间里，一切仿佛变得通透、迷人，或许这便是高原的“馈赠”，让我在纷繁复杂的世俗中，寻得内心的宁静与淡然。

前来拜佛的信众

最后悔的事儿

向锦程

在我做田野调查期间，有一个人让我久久不能忘怀，埋藏心间。

2015 年夏天，老师带着我和师兄第一次上了高原，来到了有着“石雕艺术之乡”“高原石刻第一村”美誉的青海泽库县和日村。通过为期一个多月的田野调查，我逐渐认识了角巴、泽霸、斗格杰布、朋措、久美切杨、肉增多杰等村民，通过他们的帮助，使我逐渐描绘出和日村石刻的历史渊源，也正是在那个夏天，我认识了角巴的舅舅，一个让我崇敬——最后却不在了的人。

第一次见到角巴的舅舅，是在一个无聊透顶的下午，那个时候太阳将落，但在村子里转悠了一天，也没遇上合适的访谈对象，就算好不容易找到极个别村民，也只是三言两语应付了事，有甚者还答非所问，扯东扯西，每每遇到这种情况，我只能满眼渴求地望着角巴，希望他将那个思绪已经跑远的人拉回来。可忙活了一下午，也没访谈到真正有价值的“情报”，可能是刚去村子里，面对陌生人时，村民都不愿意说，所以我将前期访谈到的信息称为“情报”。那

个时候心情是极其低落的，甚至一度有了打退堂鼓的打算，理由我都想好了，诸如缺氧、脚崴了、肚子疼、发烧了，但凡只要能让老师觉得会危及我一个南方人生命安全的一些小毛病，我都想到了，就差拨通老师的电话，告病“跑路”。

角巴看我一下午精神萎靡，也不愿跟他多讲一句话，似乎也不知道该如何破这个尴尬的局。“要不今天就算了吧，我们去我舅舅家，他刚从外面打小工回来，阿爸刚打了电话，买了一头羊，让全家人去他家吃饭。”心想那也行吧，人是铁、饭是钢，一顿不吃饿得慌，先吃饱再想接下来怎么走进村民的内心。

角巴的舅舅家就在和日村里，靠近村子的东北角，不到五分钟就走到了角巴的舅舅家。刚一进门就看到了一个约莫40岁、皮肤黝黑、个子不高的中年男子，他正坐在炕上，手里拿着一个馍馍，身前放着一碗刚盛出来还冒着热气的羊肉，看着我们进来后，立马招呼我们坐下。正当我还在纠结是否该坐下、坐在哪儿比较合适的时候，多杰阿爸——角巴的父亲进来了，用不太标准的普通话跟我说：“角巴的舅舅，以前刻字刻得好。”说完便朝着角巴的舅舅竖起了一个大拇指。我瞬间像是打了鸡血似的来了激情，仿佛抓到了救命稻草一般，迅速抽出一张访谈表，拿出录音笔，用眼神疯狂暗示角巴，能否帮我翻译。角巴也是心领神会，立马明白了我的意思，向他舅舅说明了我的来意，以及想了解的东西。角巴的舅舅听后，沉思了一会儿，而后指着羊肉示意我先吃点。然后慢慢地向我讲述了和日村的历史、各种石刻工具的作用以及他对雕刻石经用来买卖的看法。那一晚，他跟我们讲了很多，声情并茂，其间怕我不能理解，还亲自演示凿子的握法。也正是通过这一次意想不到的访谈收集到的信息，使我对石刻工具有了清晰的认识。

2016年夏天，我独自一人又来到了和日村。进村第一天先去了角巴家里，一切都安顿好后，我跟角巴说想去他舅舅那里看看，角巴说他舅舅最近身体不太好，刚从县里的医院回来，可能不方便见客，我便也作罢。因为是第三次来到和日村做持续性的田野调查，村民对我也很是熟悉了，所以当我和角巴找到他们的时候，不管他们多忙，都愿意跟我叨叨几句，20多天后我也收集到了不少信息，足以支撑我完成一篇硕士学位论文。虽然来了20多天，但是每每转到角巴的舅舅家门口时，都发现他家大门紧闭着，每次都想进去打声招呼，看看角巴的舅舅，他的病情是否有所好转，但又不知道如何跟角巴开口，万一又被拒绝了，岂不尴尬。想着想着，也不知道怎么回事，竟鬼使神差般地转到了角巴的舅舅家门口，一抬头看到角巴的舅舅正坐在里屋门口刻着经文，看着精神还不错，看到我们后，他连忙站起来，咧着嘴笑着向我们挥了挥手臂，示意我们进屋坐坐。

走近后，虽然看着角巴的舅舅精神状态还不错，但是也能清晰地观察到，他的脸色较之去年显得更黑了，一眼就可以看出还在与病魔抗争着，但说话还是字字清晰，而且还跟我们分享了他小时候的趣事，心想着看这状态，角巴的舅舅应该很快就会康复了。接下来的几天，阿爸、阿妈、角巴两兄弟经常不在家，听角巴的妹妹南措吉讲是去照顾他舅舅了，也正是在那个时候，我才意识到他舅舅的病情应该很严重，虽然前两天看着还挺好的。又过了几天，角巴要去西宁上学了，临出发前和我再去看了看他舅舅，但当我骑着摩托车送完他回来后，前后不到一个小时，噩耗就传来了，角巴的舅舅因病去世了。当我听到这个消息的时候，我是无法接受的，当时只有一个想法：怎么好好的一个人说没就没了？明明这个人前两天

还跟我分享着童年趣事，他的一颦一笑、一言一语都犹如昨天发生的一般，怎么说没就没了？当时的我，就像一个犯了错的小学生一样，茫然无措，像被抽了魂一样，在房间里游荡。

中午我像一个逃兵一样，去镇上取了一点钱，交给了多杰阿爸，他执意不要，我还是诚恳地塞给了他，以示在田野调查期间阿爸对我的照顾，然后便匆匆向阿爸告别，离开了田野点，踏上了回程的班车。现在回想起来，我无不感到后悔，后悔没有送角巴的舅舅最后一程。

初学者进入田野

张梦尧

在大学本科阶段，我曾有幸观看了一次学校的文艺晚会。在那次文艺晚会上，我看到藏族姑娘和小伙儿载歌载舞，极尽欢乐。他们恣意的舞步和纵情的歌声深深吸引了我。加之早早感触于影视媒体——青藏高原上的宗教信徒们虔诚之信仰所激发的探索兴趣，从那之后，藏族文化、青藏高原便成为我魂牵梦萦的地方，总梦想有朝一日可以走上高原去看看那些游牧的藏族人家。因此，一直以来，在我的脑海里关于藏族和青藏高原的印象就是：那里有碧蓝如洗的天空，有连绵起伏的高山，有一望无际的草原……游牧的人儿骑着俊逸的马匹奔腾高歌；游荡的羊群攀爬于高山草地，如天上的星星闪烁其间、点缀着草原；美丽的藏族姑娘在毡房里煮着奶茶，静候自家汉子放牧归来；傍晚时，几户人家架起一堆篝火，姑娘和小伙儿围着篝火载歌载舞，嘹亮的歌声和欢快的笑语飘荡在星河下、山野间、河谷里……

读硕士研究生后，从导师那里知晓三江源地区实施了生态移民

搬迁。他们放弃了祖祖辈辈生活的高山草原，放弃了千百年来的游牧生活，为了保护三江源地区的生态环境而搬迁到山下的城市、乡镇及其附近。我常常在脑海里想象，他们现在又是什么样子的？是否还能像以前那样时常伴随着欢声笑语？他们住的、吃的、用的，他们的文化习俗是和以前一样，还是有很大区别？带着曾经对藏族的想象和对现在搬迁后移民社会文化适应状况的疑问，我有针对性地开展了对青海泽库县智村[①]的田野调查。

2017 年暑假，那时我仍然对民族学这个学科的知识体系懵懵懂懂，但我知道作为初学者，田野调查是我所必须经历的民族学、人类学的“成人礼”，于是八月七日，我独自一人从宁夏银川出发，乘坐快客 23 小时到达青海西宁。在西宁又等候三小时，乘坐西宁到泽库县和日镇的大巴前往目的地。从 12：00 出发，一路从海拔 2000 多米的湟水山谷、盆地地区，不断向青藏高原攀升，最终大约 17：30 到达海拔 3500 米左右的黄南州。至今想起那段旅途，当时的感受仍然历历在目：汽车还刚驶入贵德县时，这里的暑意便早已消却。我感觉似乎胸口有点烦闷，虽然车里空调开着很低的温度，但我的后背却被汗水浸透了。此时回想，应该是轻微的高原反应吧。汽车继续西行攀爬于高山蜿蜒曲折的省道上时，却反而没有了那种感受。

另一个让我至今记忆犹新的是，这一路西行气候地貌的变化。我自幼居住在秦巴腹地，长江支流从我家附近流淌而过，山水相伴，高山谷地，钟灵毓秀。而至第一次前往青藏高原之时，一路上那番不同于家乡地质地貌的环境深深震撼了我。从汉水出发，一路穿越巍峨的秦岭，途经九曲回肠的渭河，再到深山峡谷之中的湟水谷地，

① 出于田野伦理要求，此处村名使用化名。

苍茫壮阔的青藏高原便映入眼帘。沿途可见高原上蜿蜒曲折的细流、山谷田野间的袅袅炊烟、繁华喧闹大都市的车水马龙、辽阔高原上零星点缀的牛羊和人家……一路朝西北方向——青藏高原进发，穿越大半个中国做田野调查，其间自然风貌和这一路历史人文的变化，亦如我的心情一般跌宕起伏，我不仅感受到祖国大好河山的壮阔激昂，也产生了深深的文化震撼。

汽车到站后，我先去车站附近的商店买了一些哈达。因为在来这里之前就被告知可以用哈达拉近调查者与当地人的关系，进而方便开展深度调查和参与观察。之后，我四处打听，遇到一些会一点汉语的年轻人，向他们询问智村怎么走，前后问了七八个人，他们或许是没太听懂我的话，都不知道这个地方，甚至我打开手机地图搜寻到了这个位置给他们看，我也没能从他们那里获取丝毫关于这个村子位置的信息。询问无果，首次身处一千多千米外的异地他乡，一股失落感油然而生。

但是，我仍然坚持着初学者的不懈精神。看到了一个中年人，心里估摸着他的汉语应该不错，便上前询问智村怎么走。功夫不负有心人，这个人知道我所问的村子。他说，这个村子就在前面不远处。但我却比较疑惑，因为在来这里之前，导师给我说的这个地方是在和日村东南 35 千米处，我在地图上搜索，也的确在这个位置，而不是在宁秀乡上。我把心里的疑惑告诉这个人，并问他宁秀乡是不是只有这一个智村，智村村民是否原来都是从山上移民搬迁下来的，他肯定地给我回答了“是”。于是我便顺带搭乘他叫的一辆车回返宁秀乡——西宁到和日村的车从宁秀乡经过。到了宁秀乡车子停的地方，他指给我看，那“宁秀乡智村”几个大字赫然拓印在村口的柱子上。

我有些不确定，便给导师打了一个电话，告诉了这一状况。导师在确定情况之后，便嘱咐了我颇多田野期间的注意事项和经验，并让我先找到住的地方。于是，我便拖着行李先在乡上逛了逛，看看有没有住宿的地方。转悠了一大圈，发现唯一一个旅馆已经被外地的工程队包下了。我抱着试一试的想法，看能不能在村子里找到可以寄宿一段时间的人家，还在找时，遇见了之前载我的那个司机，向他说明了我的情况后，他同意带我去村子里找他的朋友，看看他朋友家能不能住。半路遇到他的朋友，说了一大通，最后的结果貌似是不可以。又问了他的几个朋友，打了几通电话，好像都不行。他跟我解释，说最近是什么日子，我没听清楚，最近好像都不能招待外来客人。迫于无奈，我请他带我去村里的书记家，请他替我给书记说明来意，后来村主任也来了，他们便一起让我去找村子外面的乡长。到了乡政府，刚好碰见乡里的 N 书记，他会汉语，我向他说明来意并给他看了我的学生证，但他还是坚持要介绍信，我暑假回家前忘了开介绍信。没办法，我跟他说明天可以拿到电子版介绍信，我明天再来，他便答应了。

还是给导师打了一个电话，在电话里导师告知我明天她会去学校开介绍信，我悬着的一颗心这才放了下来。最后还是决定先回和日村找个地方住下来，因为宁秀乡没有旅馆。到了和日镇，鉴于司机师傅帮我挺多，便请他一起吃了一顿饭，之后就去和日宾馆住了下来。躺在床上的那一瞬，感觉身心俱疲，撑着疲困的双眼给家里和导师报了平安，便昏昏睡去。

第二天，突如其来的大雨，打消了我原本打算去和日地区远近闻名的石经墙一游的想法，只能老老实实待在宾馆一边写田野日记，一边等待电子版介绍信。等收到的时候，差不多 10：00，司机也刚好打来电话，于是便继续前往智村。再次到乡政府时，却被告知昨天那个乡长出差了。我找到乡里的另一个书记，但他却让我必须把介绍信拿去县政府宣传部签字盖章后才能给我安排调查事宜。尽管这个书记的做法可以理解，但我还是有些惆怅，因为总感觉这样来回去一趟70千米外的县城太过麻烦。中午草草吃完饭后，便打车赶往泽库县城。一路两个多小时，到的时候已经15：00了。从县政府辗转到县委大楼后，发现整栋楼只有寥寥数人。因为是星期五，其他人早已下班回家了，此项事情只能作罢。返回和日镇，调查总还是要继续的，于是计划在和日镇上住宿，每天早上坐便车前往15千米外的智村，白天在村里做田野调查，带上一些简单的食物和水，中午就在那边吃，等到下午或晚上做完调查，再乘坐那趟和日村的大巴返回住所，每日重复。

第三天起床后，在楼下一家回族面馆吃了一碗拉面，就去路口等车去智村。和日镇上有很多出租车，特别是十字路口，零零散散停了数十辆。后来专门去了解这一现象才知道，原来那些人都是生态移民搬迁后，到山下乡镇上用卖牛羊的钱买汽车用来载客维持生计的人。看到我在路边等车，很多司机过来询问是否需要搭乘他的车。交谈后，这些司机大多要求我包车过去，但鉴于包车来回价钱很贵，晚上还不一定愿意来接我返回，所以便拒绝了。等了两个多小时后，终于等到一辆顺风车，便搭车到了智村。我本着先转转看的态度去村子里逛逛——因为对我调查工作特别重要的翻译还没有找到，所以特地先按照导师的指点，去村子里寻找，看能否找到一些初、高中生愿意帮我做翻译。果然，我找到村委会院子，那里正巧有五六个男孩子在打篮球。我便走到跟前，跟他们说明了来意。其中一个小伙儿热情地答应了我，直接带着我开始了调查。调查了

两户人家后，一不小心又转到了村主任家。村主任见是我，便要求我一定要去乡上征得同意。我的翻译此时似乎有点害怕，我不断跟他说，我们就只在村子里转转，去一些人家里问一些问题，不住在这里，是否可以不去找乡上？但此时翻译有点害怕，不敢再带我去别的人家做调查了。于是，我俩只好跟着村主任去乡政府。但这时似乎有点时来运转的意味——在乡政府既没遇到书记，也没遇到乡长，反而遇到了一个既懂汉语又懂藏语的乡干部。他见我是个学生，便问了我的情况和来意，我十分客气地向他说明了自己的情况，并出具了相应的介绍信等文件。这个干部看完后便豪爽地答应要帮我。在给乡书记打电话说明了我的情况后，乡书记也在电话里答复了，并让智村主任给我安排村委会的空房子居住。

把这个好消息告诉导师后，我便返回了和日镇。和女老板商量，想让她退了我剩余的60元钱——昨晚已住和今晚要住的房费，然而，我好说歹说，女老板都不愿意退款。后来，男主人回来后，我又过去不断商洽，最后硬是协商好退40元。第三天早上，早早收拾好东西，还是等了很久才等到一辆去智村的顺风车。到智村村委会活动室住处时，恰好赶上一个石刻师傅正在这里教村民石刻技术。其中，有一个藏族小伙子还没刻完手头的石雕，便跟我闲聊了起来。闲聊得知他叫YHJ，因为在读高中、学化学的缘故，觉得自己名字和化学里的名词“氧化钾”很像，便让我直接叫他“氧化钾”。他的汉语讲得特别好——至少是我目前在这个村子及其周围见到说汉语最好的人。于是我便邀请他在上完每天的石刻培训班后带我去村里做调查、帮我翻译。他热情地答应了我，还提出可以去他家借两床被子用。等到下午的时候，之前的翻译在微信上告诉我他去同德县了，不能过来帮我翻译。我便去“氧化钾”家里借了两床被子，收拾好了房间。之前村主任说他会安排一个小学女老师来当我的翻译。等到 14：00 多的时候，那个女老师来了，带着我去村里寻找人家做调查。也许是觉得我的调查过于枯燥、无味和无利，这个老师第二天便没有再来了。还好，之前联系好了“氧化钾”，他可以做我的翻译，才让我之后的调查工作得以持续有效地进行。

夜间惊魂

张梦尧

2017 年 8 月 15 日，我和翻译“氧化钾”闲聊时了解到，我住的地方不久之前才死过人。氧化钾当时神秘兮兮地跟我说：“估计你不知道，这个房子不久前才死过一个女人，我们村里人都还听说这里闹鬼呢!”作为坚定的唯物主义者，我自然是不相信鬼神之说的，也就没有把氧化钾的话放在心上。但是我也知道，自己一个人身处他乡异地做田野，总归是要注意自身安全的，这既是对自己负责，也是对导师负责。而且因为我住的村委会这间房子本身就没有完全安装好防盗门——门上的锁不能用，上面只有一个洞，村委会的人从外面上了一把挂锁，只能从外面锁上，从里面就不能关上。所以晚上睡觉的时候，我便将门用房间里的两把椅子抵上了，并且在第一个椅子上放了一袋约 30 斤重的牛粪。一旁的窗户，我也拿了一些屋里的废弃瓷砖给卡住了。这样一来，门窗看起来似乎很牢固、很安全。

白天出去调查一整天，晚上回来整理完一天的田野资料，写完当天的田野日记后，已经差不多深夜一点多了，简单地洗漱了一下，便迷迷糊糊睡了过去。但或许是因为有些思念家乡，直到夜里很晚的时候都还没完全睡着，恍惚间看了一眼枕头下的手机，这时候已经快要凌晨4：00了。我所睡床的床脚正好对着门窗，半睡半醒间，突然看到一束昏暗的光线照进了房间，并且在屋子里晃来晃去。睡梦间迷糊的状态瞬间惊醒，而且听到门外似乎有什么哐当哐当地推、撞着门，好像就要迫不及待地冲进来似的。但作为一个近视眼，我睡觉时没戴眼镜，根本看不清门窗外到底是什么，隐约间似乎可以看到窗外有一道被月光拉到很长的身影。于是，便不由自主地想到了白天氧化钾告诉我的关于这个房子闹鬼的事情，脑海里也不由得浮现出电影里“一个红衣女鬼要来索命”的情景，想到这种曾经听闻的半夜鬼敲门的故事，瞬间惊出了一身冷汗！难不成我真的要在这异地他乡遭遇半辈子还未曾遭遇的鬼怪？

门外的撞击声持续了十几分钟，我一直不敢开门，生怕真的遇到什么鬼怪。但看声音还在持续，便硬着头皮大声喊叫了几句，问外面是谁，是干什么的，有什么事……没想到，外面还真有人回答了我的问题，只不过我听到的是断断续续的语句，似乎一点点是汉语，另外一些是藏语，但根本听不清到底在说什么。感觉外面似乎不是臆想的鬼怪，加上清醒之余想到，即便是鬼怪，藏族文化系统的鬼怪似乎也难以管到我这个汉族人，便更加坚定了自己信奉的唯物主义。于是，我便找到自己的眼镜戴上，走到门窗处，把椅子拿开，将门打开一条缝隙，躲在门后一看……原来是第一天来到这里遇到的那个很早之前就住在这个房间的石刻师傅，只是不知道为什么除了8月8日第一天见到过这个人之外，这一个星期都再没见到过他。深呼出一口气，放松之余，便将门完全打开，放他进来了。

石刻师傅进来后，也没说什么，拿了房间里另外一个床上的被子，到隔壁房间去睡觉了。

原来不是鬼怪！担惊受怕之余，便又闷头睡过去了。然而，还没睡几分钟，忽又听到院子外面不知道从哪里隐约传来一阵阵凄厉的叫声，感觉似乎是一位女性的叫声，又似乎是夜里的大风吹过某些物体发出的声音，总觉得甚是恐怖。只是，刚刚经历半夜被推撞房门的“恐怖故事”，这种声音在耳朵里也不觉得有什么可大惊小怪的了。于是，便又继续“神经大条”地睡了过去。

翌日，醒来时回想夜晚发生的系列事情，头脑清醒之时，便又总觉得自己极其可笑。汉族信仰系统里有一句俗语：“为人不做亏心事，半夜不怕鬼敲门。”是啊，我又没做什么亏心事，我怕什么呢？更何况，我所接受的知识教育，早已明确地告诉了我，世界上形形状状的神灵鬼怪，都不过是各式各样文化系统内人类的想象罢了。只是，在田野里我们真正需要注意的，是尽量让自己保持人身、财产和调查资料的安全。

夹生的米饭和飞舞的糌粑

张梦尧

2017 年暑假下田野第二天，司机带我到青海泽库县智村的时候，我们原本打算先拿着介绍信去找村主任，但司机中途却告诉我，或许他的表哥家可以让我借宿一段时间，听到这一消息后，我很是开心，便让他先带我去了他表哥家。10：00 多到了司机表哥家，到的时候，司机的表哥还睡在屋檐下的床上没有醒来，但他的妻子却已经在做家务了。司机的表哥醒来后，睁开蒙眬的双眼，看了看我，又看了看他的表弟，很是好奇我这个外乡人来到他家干什么。鉴于司机汉语水平还可以，他便替我说明了来意，中间和他的表哥商量了一个多小时，最终的结果还是不可以借宿。虽然听不懂他们在说什么，但我也不想错过这么好的访谈机会。于是，便在大脑中回想了一下调查问卷的问题后，结合这两天的所见所闻，借助司机作为翻译，展开了半结构式的访谈。

访谈中了解到，司机的表哥一家大概是 2013 年从牧区草山搬迁下来的。他们家之前在山上是个大家庭，有十几口人，搬迁下来之

前分了家，自己也娶妻成家了。但是搬迁下来后，分到的少许几头牛羊都卖掉了，换来了几千元。搬迁之初，他还觉得乡镇这里的一切都很新鲜、很有趣，但是随着时间的流逝，牛羊换来的钱也花得差不多了，只能自己想办法挣钱。然而自己却没什么技能可以挣到钱。于是，只好在家里学习村里的技术员教的种菜技术，种点小瓜（西葫芦）、黄瓜、西红柿之类的蔬菜。成熟后，再把吃不完的多余的菜拿到乡上街道去卖，用卖菜的钱再换些大米和面粉回来。所以自己家现在已经开始长时间吃大米饭了……当我了解到这些信息时也十分好奇。作为传统吃糌粑、牛羊肉、喝牛奶的游牧民族，当他们开始转变生活习惯吃大米时，又是怎样的一种情景？恰好，聊天持续到将近中午的时候，司机的表哥热情地留我们在他家吃饭。此前不久司机的表嫂就已经开始在煮米饭了。聊天之余，我也时不时看一下他表嫂煮饭的过程。我注意到，他的表嫂将大米淘洗后，便盛水放在用牛粪作燃料的铁炉上烹煮了，没有再进行我们所熟知的农家的舀汤、再焖煮等过程了。待吃饭时，表嫂给我盛了一碗米饭，夹了一些小瓜炒牛肉。我接过后，便吃了起来。初嚼几口还没感觉，越到后面越咀嚼才发现，这碗米饭是夹生的。大多数米粒似乎都只是长时间在热水中浸泡了许久而未松软、熟透，咀嚼起来，米粒显得生硬咯口……看我吃米饭时似乎有些异状，司机的表哥便问我：是不是不好吃？是不是没有你们那里经常吃的米饭好吃？并说我们是才开始吃米饭的，肯定没你们那里做得好，所以不好吃的话要见谅……

本着局内人需要持久深入接触的心态，我还是硬着头皮吃下了这碗米饭，并告诉他们已经很不错了，这碗米饭和菜很好吃……后来，他们看我似乎午饭没有吃好，又给我端来一碗食物。司机用他并不精通的汉语告诉我，这是糌粑，是藏族传统的特色美食，让我尝尝。虽然我没有怎么听清楚，但并不妨碍一个吃货对民族特色饮食的期待。于是我端起这一小碗食物，在我眼里，它的形态似乎和我们以前喝的藕粉区别不大。司机告诉我，往里面兑点水，再搅拌一下就可以吃了。于是，我便倒了一点开水进去，然后用一根筷子轻轻搅拌……看着表面还浮着许多糌粑粉，我用以前的习惯——在上面吹了一口气，期待它的温度能降快一些。哪知，水面浮起来的糌粑粉却被我吹得弥散飞舞在空中，弄得我的脸上、头发上、手上全部都是……

见此情景，司机、司机的表哥、表哥的妻子三人哈哈大笑，但我却知道他们并不是嘲笑我，只是觉得我一个外乡人这样吃糌粑的方式十分奇异有趣而已。他们告诉我，吃糌粑要用手一点一点地捏、一点一点地捏成小团……这样的经历也使我明白，或许在我们以往的视野中，总是把异文化的地方群体视为“他者”，并常常以一种中心化的视角来看待和理解的眼光，往往和当地人看待我们这些异乡来客的眼光是一样的。研究者需要做的，是将自己变成一个真正的当地人。

田野调查第一课

嘉华杰

自从开始攻读民族学专业硕士研究生之后，我很向往无数次在专业书籍中看到、在学校课堂上听到的民族学特色学科方法——田野调查。在学校经过了第一年的专业学习后，等待了很久的田野调查终于要启程了！2018 年 7 月下旬，在研一结束的这个暑假，我陪同导师和师兄一起去青海的一个藏族生态移民村落做田野调查，主题是“藏族生态移民生计转型与心理适应”，按照导师的吩咐，我的主要任务是去当翻译，顺便进行田野调查的严格训练。

到达田野的第二天，吃完早饭我们就在老师的带领下开始入户访谈。跟着师兄的我忐忑地走向了村子深处，其实这个时候我的心情是非常紧张的，因为我不知道自己能否很好地承担起肩负的翻译工作。我小时候一直生活在甘南老家，所以我接触的第一门语言就是藏语，尽管后来在兰州长大，但是在家里和父母也经常用藏语交流。后来我渐渐意识到这是我身上有别于其他同学的一个特点，能够掌握一门少数民族语言对于民族学这个专业来说是大有裨益的。

所以这次老师叫我去协助师兄做田野调查，借此机会不仅可以深度参与到田野调查之中，同时还可以与当地牧民在交流的过程中进一步提高我的藏语水平。

我唯一的担忧就是以自己现有的藏语水平在访谈中未必能翻译好双方的话语，给访谈工作带来阻碍。所以出发前，我请老师将此次调查问卷给我发了一份，先浏览熟悉一下，看看其中有没有一些词语和句子需要提前搞明白，因为在以往的调查问卷中，我就明显感觉到，有些问题的设计所采取的表达方式如果直接翻译出来，讲给当地的藏族受访人听的话，因为文化差别和语言习惯不同，可能会词不达意或者说引起一些不必要的尴尬和麻烦。而且有些词儿，是那种比较专业的专有名词，比如生态移民、环境保护等，都是平时日常生活中不太常用的词儿。所以我得提前做好功课，知道这些词儿用藏语怎么说，不然到时候在做翻译工作时吞吞吐吐的话，不仅是一种工作失职，还会闹笑话，辜负了两边人对我的信任。翻译工作像是一座桥梁，作为桥梁，最重要的特质就是稳定和可靠。所以，在出发之前，我做了很多关于翻译工作的准备，把所有访谈大纲上的问题都用藏语标注和熟悉了一下，不然心里真的一点底都没有。

跟着老师做入户访谈的感觉首先是比较劳累，因为跟着老师做访谈，基本上每一户的访谈做下来要将近三个小时。有时候那些受访者都会表现出很疲惫的样子。他们中的大部分是农牧民，虽然平常在田间地头劳作，体力非常充沛，但不太习惯长时间、高强度地进行信息量很大的对话。但是，令我诧异的是老师却从来没有展现过疲态，总是精神抖擞地提出一个又一个问题，并且能够根据受访者的回答调整着问题的思路。这种工作态度，就是一个称职的民族

学者所应有的，值得我去深入学习。

那天当我在某户人家进行翻译的时候，我将对方用藏语说出的回答用汉语向老师转述时，其间说出了“束缚”一词，老师当场提出了质疑，说“束缚”这个词是人家说出来的吗？我回答人家说的原话是“双脚被捆住一样”，也就是束缚的意思。结果老师当即便严肃地批评了我，说我需要百分百地翻译出原话，不要自己搞加工。我起初很不理解，甚至有点委屈，觉得我把人家的意思总结归纳了一下，用一种比较书面的词语表达出来反而被责怪。但是，老师告诉我，在访谈中切忌这种自以为是在做好事的二次加工，访谈资料一定要力求把受访者最真实的话语原模原样地翻译并记录下来，否则这就是一种失真。

田野调查的第一课，我学到的第一点，就是当作为一个田野调查入户访谈的翻译者时，必须要尽量原汁原味地翻译受访者的原话，我没有自己去加工和润色的权利和义务，甚至说我自己所谓对于受访者回答的二次加工和润色，实际上是一种带有自身倾向的误译、误导行为。这对田野调查中的访谈工作来说是“好心办坏事”。

我迅速调整了一下思绪，随即配合老师继续进行随后的访谈工作，开始谨记老师的教导去做翻译。这位被访者原先是附近村子里的一位牧民，从小便开始帮着家里放牧以维持生计。当老师问她：“以前在牧区的时候您每天是在什么时间段去放牧的?”我在翻译她的回答时，其中一句原汁原味的翻译获得了老师的高度认可，即“太阳没有升起的时候就出门，看见天上的星星时才回家”，老师说，像这样从受访者口中说出的最质朴的原汁原味的话语，不仅真实纯粹，而且非常具有画面感。这就是我们在做田野调查中所收集到的鲜活生动的访谈材料，这也是在田野调查访谈中有效且准确的翻译工作的价值所在。

这句话，至今都写在我的书签上，时刻提醒我在田野中学到的第一课。

翻墙历险记

嘉华杰

研一结束的那个暑假，我陪同导师和师兄一起去青海的一个藏族生态移民村落做田野调查，主题是“藏族生态移民生计转型与心理适应”。2018 年 7 月 26 日，是我们约定好碰头的日子。按照计划，我从甘肃兰州乘坐火车出发，9：25 到达西宁火车站，师兄和老师从宁夏银川出发，乘坐火车于 10：05 到达西宁火车站，我们会合以后一起坐班车到泽库县宁秀乡。

当我按照计划 9：25 到达西宁以后，在出站口等了半个小时，师兄告诉我他们要晚点一个小时。利用这个时间差，师兄让我去火车站旁边的汽车客运中心打听一下去宁秀乡的班车车票是否有售、几点发车等事宜。我过去以后通过询问柜台工作人员了解到去往泽库县的班车因为修路而调整了发车时间，原本下午发车的班车调整到了 11：00。好在师兄说过我们最好能够直达宁秀乡，正好去宁秀乡的班车 12：30 发车，刚好与我们到达的时间相符合。于是我在客运中心里面的自助售票机上，用我们三人的身份证号买好了去往宁秀乡的三张班车票，然后坐在车站外面等他们。

等待的过程无疑是痛苦的，我坐在汽车客运中心外边的花坛边上吃着带在身上剩下的半包饼干，喝着灌在水杯里的矿泉水，看着身边的来往行人，猜测他们来自哪里，又将去往何处。正当我左顾右盼、心猿意马的时候，师兄的电话打了过来，说他们到了，并约好了在一个地方见面。我兴冲冲地跑过去准备迎接他们的到来，但是左等右等丝毫不见踪影，正纳闷呢，老师的电话又来了，原来他们俩已经在车站楼上的餐馆里吃牛肉面了，说速速吃完以后再来集合，并且提出让我也过去吃饭。但是，我之前已经吃过了一些食物，所以我婉拒了去找他们吃饭的提议，留在原地，等待他们吃完饭后再见面。15 分钟后，我们师徒三人相聚在了客运中心的门口，我把前面买好的汽车票分发在他们两位的手中。三人成行，进站乘车。

在西宁火车站旁边的客运中心里，我们找到了去青海黄南州宁秀乡的长途班车。一上车就被眼前的景象惊到了，整个班车的过道中已经满满当当地塞着各种大小不一的行李箱，甚至在最后一排有很多行李直接被摆在了座位上，上面盖着一层军绿色的布幔，那一瞬间我开始怀疑坐上的是一辆客车还是货车。

与此同时，司机师傅的手机还响个不停，从他接电话后用藏语说的对话中我了解到，有很多人拜托他拉一些物件去往宁秀乡，这意味着车里还将塞入更多东西，属于人的空间将被进一步压缩。有趣的是，有的电话他会以种种理由来拒绝对方拉货的请求，但是有的电话他却喜笑颜开地满口答应下来，这让我不禁去思考他是根据与对方关系的好坏还是事后报酬的多少来做决定的，令人深思。

当司机好不容易把全车的人和货物都安排好以后，出站的时候，例行检查的安全员走上车来，看见我们车内的景象不由发出一声惊

呼，“阿呐呐！”——这是非常有地方特色的表示惊讶的一句口头语。显然，安全员对于他所看到的状况非常不满。司机师傅拉着安全员交头接耳进行了一番协商，随后司机要求四个壮汉把过道里的四个行李箱搬下去，然后在汽车站外等他。很明显，这是一种明修栈道、暗度陈仓的行为，但是车上没有任何人提出异议，或许当时每个人都想的是赶紧离开这里，朝着目的地出发吧。等汽车出站以后，那四个壮汉拿着行李走上车来，再次安顿好一切后，我们终于朝着宁秀乡出发了，司机说要到18：00才能到，我抬头看了一下，北京时间13：00。不知道接下来的五个小时，会怎么度过。

在车上，老师和师兄坐在一起，不时地交流着一些关于学术的东西。我不太想加入他们的讨论，转而和我身边的一位藏族老哥聊了两句，得知他是和日那边的一位小学老师，从事这份职业已经15年了。他对我抱怨着当地有两所高中，一所很好，一所很差，所有的人都想把自己的孩子安排在好的那所高中，所以趋之若鹜，抱团扎堆。但是毕竟一个学校办学的名额是有限的，所以很多人都被拒之门外了。我说那个好的高中有没有举行那种选拔性的入学考试之类的，他说没有。那我就只能转移话题了，不然这个话题会让这个老哥感到焦虑和压力。我随口说了几句关于家长要全力支持孩子的教育云云，得到了老哥的高度赞同，然后我就有些意兴阑珊，再加上昨晚睡得迟，今天起得早，一阵困意袭来，我就礼貌地跟大哥点头致意，然后把头侧过去，闭上眼睛，试图睡去。

接下来一路的颠簸，让我时而睡着、时而醒来，当我醒来的时候会看几眼班车上放着的电影，是成龙的一部片子，但是这五个小时里一直都在重复放这部片子，同样一个镜头，我竟然看了三遍。转头看到师兄也进入了梦乡，老师则拿着单反相机，不时对着窗外按一下快门，然后刷刷刷的好几声传来，或许，这就是传说中的运动模式吧。行车到路程中间的一个厕所时司机停了下来，说大家下车上厕所，师兄说他上一次也是在这个地方上的厕所，并提出为什么司机们都在这个地方停车上厕所呢，我回答说“习惯使然”。

在行车的后半程，我保持着清醒的状态，看到了道路两旁优美的风景，其中有一幕很有趣，在一片绿色的草原中间，种着好像一个圆形的一片油菜花。万绿丛中一点金，远远望去，那片金色的油菜花好像是天空中洒下来的一块光点，美不胜收。我当时用手机拍了一张照片，但是效果并不太理想，比较模糊。

我后面坐着好几个学生模样的年轻男女，那些占据过道的花花绿绿的行李箱，大部分是他们的。师兄和他们其中一个小伙子聊了两句，那个小伙子说他们要去和日镇支教，顺便玩耍。我当时觉得有点诧异，因为现在这个时间点不应该学校都放假了吗？我问了一下旁边那个当老师的老哥，他也觉得不可思议，说都放假了，支什么教呀？这种事情给那群人身上笼罩了一层神秘的色彩，但是我对这些一点都不感兴趣，我只想着接下来我们会遇到什么，我只想快点到达目的地。

17：50，在宁秀乡政府所在的街道上，我们下车了。街道很整齐、很干净，道路两边的商铺也都刚刚粉刷过，统一的颜色和样式，只是都还没来得及挂上标牌，让人分不清每一间都是经营什么业务的商店。师兄惊呼现在的景象和去年他来的时候相比变化很大，可谓翻天覆地。

说实在的，我当下根本顾不上什么变化的东西，紧握着手上的行囊只想赶紧找到那个落脚的地方。在朝着师兄指引的方向前进的时候，路上有个人用藏语指着师兄说，“我见过他”，我连忙叫住师

兄如实告知了这一情况，师兄也渐渐回忆起原来这个人就是去年他来的时候帮助他的小翻译的哥哥。我们寒暄两句后，便继续跟着师兄朝着村里走去。

我们最开始商量的是我和师兄住在村委会办公室，老师住在乡上的“旅馆”里面。所以我们先跟着师兄去找了一下那个“旅馆”。等我们走过去的时候，那个“旅馆”的大门口有一个人正在地上铺水泥，他说现在正处于这项工作最为关键的时刻，就是要把水泥平平整整地铺好，言外之意就是我们现在不能从上面走过去。老师当时就提出了质疑说：“到底是不是这里？”师兄表示肯定在这里。我走上前去问了一下那个铺水泥的老哥，这里面是不是可以入住的“旅馆”，他表示里面就是“旅馆”，不过现在不能从这个大门口的水泥上面走过去。我说那怎么进去登记房间呢？他说你从旁边绕一下，有个梯子你可以从那里翻进去。

等我们三个绕过去以后，发现院子的侧面果然有一面墙，朝着里侧有一架梯子。老师当场就表示否决——这样可不行，外面正在铺的水泥地一时半会儿也好不了，那如果住在这里的话，只要进来和出去，就一定得从外边爬上去翻墙，如果入住这里，意味着需要天天翻墙，哪一次若没翻好，就很有可能会摔下来受伤。老师说的没错，而且来之前就三令五申，进入田野有很多未知因素，凡事都要秉持着安全第一的原则。但是好不容易都走到这里了，现在就打道回府总觉得有点太可惜了，所以我提出先翻进去看看里面到底是什么情况。师兄表示同意，老师犹豫了一下后，再三强调让我一定要注意安全，就站在一旁准备看我大显身手了。我没有多言语，也不逞强，小心谨慎地从墙这边垒起的土堆上慢慢地爬到了大约2.5米高的围墙顶上。骑在墙顶上面稍微缓了几口气，我本来想一步就

跨到墙那边的梯子上去，但是觉得危险系数有点大，于是稳妥地先骑在了墙上面，然后一条腿伸过去踩住了梯子，把重心逐渐地转移过去，然后一步一步攀爬过去，等到确定安全稳定以后，才加快速度顺着梯子爬下去，安稳地落在院子里。

我进到院子以后，走到了那边的房间里，左顾右盼，大声呼喊“啊绕桑”（藏语音译，汉语意为“有人在吗”），但是房间内依旧没有反应。到这里我才发现，所谓的“旅馆”其实就是七八间连在一起的小平房，从外面看起来比较破旧，相关设施也不是很好。这时师兄在墙的那头问我结果如何，我回答说没有人。他说主人可能住在“旅馆”旁边的那个房子里，我半信半疑地走过去一看，果然有个人窝在旁边的房子里睡觉。我没好气地使劲敲门，试图叫醒这个老哥，连续敲了好几次，他都置之不理，继续蒙头大睡。我其实心里已经放弃挣扎了，准备离开这个奇怪的地方。不过正当我转身离开的时候，那个呼呼大睡的老哥突然醒了过来，翻身起床给我开门。我仔细打量了一下这个老哥，原来只是个小哥，看样子十五六岁，据我的推断，他是这家“旅馆”老板的孩子。果不其然，他张口就说能开房间的主人不在，得过一会儿，他回来才能开房间。我问了一下房间的价格，他说看要不要烧煤炭来取暖，如果晚上加煤炭的话一天 80 元，不加煤炭则是 70 元。

此刻，我已经完成了翻墙进来时所背负的一切任务，可以光荣回去复命了。翻墙回去的时候，相比进来的笨拙样子，我已然轻车熟路了不少。我详细地告诉了老师和师兄这里的住宿条件、收费标准以及主人暂时不在家的情况，老师对于价格表示诧异，听老师讲，之前住在和日镇上的旅馆做田野调查时，一天只需要 30 元，本来要 35 元，跟老板砍价后才是这个价格。值得一提的是，不是相关专业

的人可能会觉得匪夷所思，为什么这么便宜的价格我们还会纠结甚至砍价，是不是我们都显得太过“抠门”了？实际上，做田野调查是一项耗时很长的工作，动辄就是一到两个月的时间，需要驻扎在田野点上，所以这几十元钱看起来虽然不多，但是一两个月加起来就是一笔不菲的开支。再加上还要处理伙食费、交通费等，数额有限的调查经费不能一开始就把大部分花在住宿上面。所以当这个报价出来以后我就知道老师是不可能住在这里了，再加上那个梯子存在很大安全隐患，考虑再三，我们师徒三人只好求助村委领导了，试图看看村委大院有无闲置的房间，结果我们确实这样解决了住宿问题，不过条件非常简陋，到田野的第一天，当我们找到住处后，却没水没电，似乎许久没有打扫的屋子也是脏兮兮的……

找电：来到田野的第一天

嘉华杰

去村子的路上，我们一直在讨论先去村主任家还是先去之前的小翻译家里，师兄比较倾向于先去小翻译家里放一下东西，然后轻装简行地去村主任家。说话间，那个小翻译已经跑了出来迎接我们，我跟他说了两句藏语后，他表现得很惊讶，但随即展现出了非常友好的态度。当时他家里人都不在，师兄问他家里人都干吗去了，他用藏语说了一句，然后用汉语小声嘀咕了一句“去乞讨”，虽然直译差不多是这个意思，但是我觉得这么说不太妥当，于是我就在旁边说了一句“他的家人都去活动了”，当时这个小翻译听到后就开始哈哈大笑，很明显，他很满意我给出的“活动”这个词语。他很赞赏地看了我一眼，这一瞬间我知道自己获得了他的认可。虽然头一年，师兄先于我之前在这里待了半个月，但是我初来乍到就赢得了他的信任，这可能是因为我是个会说藏语的藏族人，也可能因为我开朗的性格，还有脱口而出的这一句“活动”。在他家里稍微歇息了片刻后，老师掏出了提前准备的两袋枸杞，一袋一斤装的，当作礼物送

给了小翻译。这个小翻译的名字叫“杨华甲”，这是他藏文名的音译，因为这个小翻译正好要上高三，也是个理科生，所以根据这个名字，私下给他取了个外号叫“氧化钾”，这是一种化学元素的名称。

从氧化钾的家里出来后，我们去了相距不远的村主任家，起初村主任不在家，他的家人接待了我们，并且打电话给村主任通知了我们的到来，要求他早点赶回来接待我们。我们坐下没多久，村主任就带着村书记一起赶来了。和他们的交流非常顺利，首先因为师兄去年待在这里留下的好人缘，让每个人都会记着他，并且和他打趣两句。另外，他们也很尊重来访的我们，尤其在我们向他们出示了学校开具的田野调查证明以后，他们的态度更是认真了不少。接下来趁着大家谈兴正浓，我适时地提醒老师拿出准备好的枸杞给村书记和村主任，他们一人拿了两袋宁夏枸杞以后挺不好意思的，于是我提出了当下最核心的问题——我们三人能不能借住在村委会闲置的房间里？

村书记和村主任几乎没有任何犹豫就满口答应了下来，并且立刻打电话给一个人说把村委会的钥匙送过来，看见老师和师兄的眼睛里有了放松的姿态，我突然觉得自己这次来还是帮助挺大的，因为前面师兄无意中也说了一句“我发现你来了以后，他们都变得好说话多了”。初入田野的我就这么褪去了紧张，建立起了自信。

过了一会儿，村主任接到电话说拿钥匙的人已经到了，我们就起身跟着村书记和村主任去了村委会大院，路上我一直都在想接下来的一个月我们的根据地将会是什么样子。转眼走到了村委会大院，有一个穿黑衣服的老哥和村书记、村主任说了两句话以后就从腰间摸出了一串钥匙，打开了靠近大院门口最近的那排房子中的一个，

刚打开门的时候，我是有点失望的。那满地的垃圾和杂乱摆放的物件倒是其次，最打击人的是房间里面摆着一个冰箱，但是这个冰箱里散发着肉类腐烂的气味，因为我以前老家的房子里烂过一冰箱的肉，那个气味过了整整一年才散去。所以我的心里极度抵触这种气味，整个人当时一下子沮丧了起来。但是，老师和师兄都在，我也不好拉着脸，突然我们发现这个房间里没有电。

这个情况，让我们三个人都焦虑了起来。因为我们后续的一系列工作都是要使用电脑的，包括对访谈资料的整理、工作日志的撰写岂不是都要泡汤？我们赶紧趁着村书记和村主任还在的时候，询问了一下这个电的问题该如何处理，他俩首先让我们不要担心，说这个房间里的电线是拉通了的，只是可能电线接触不太好。同时满口答应，会尽快帮助我们解决，我们的心也暂时放了下来。在老师的带领下，我们开始打扫房间，其实看似很脏乱差的环境下，三个人齐心协力，很快就打扫好了。

接下来我们稍作休整，就打算出去吃饭了。来的时候我们就已经刻意去注意街上的饭馆，但是感觉门面比较大的一家叫作“香满园”的饭馆已经关门大吉了，只有门面很小的两家餐馆还开着，一家是藏族人开的餐馆，另一家是回族人开的餐馆，估计以后这一个月都要在这两个馆子里解决吃饭问题了，希望他们做的饭菜能够可口美味。作为来这里的第一餐，我们经过慎重考虑选择了那家小小的回族人开的餐馆，柜台老板是个戴着头巾的回族女孩，店里面张罗前后的服务员，目测是个藏族丫头，后堂的厨师是个小伙子，看样子像站在柜台后回族女孩的弟弟或者丈夫。老师问我们想吃什么，我们大致浏览了一下贴在墙面上的菜单，发现菜品虽然很多，但是一来菜价比较昂贵，二来我怀疑这家店能否做出这些复杂的菜式。

所以出于保险起见，我们都选择了简单的面食，老师和师兄点了刀削面，我选择了炮仗面。

在漫长的等待过程中，店里面来来往往的客人都会多看我们两眼，好像在这个小小的镇子上我们像是特别罕有的外来客一样，可能是我们的穿着和气质把我们和这些当地的朋友们区别开来。但是我内心得意的点在于我是个看起来像汉族人的藏族人，我能听懂他们对于我们窃窃私语的讨论内容，这让我好像有了第二双眼睛一样，能够看到老师和师兄看不到的东西。

终于，老师和师兄的刀削面率先端上了桌，老师问我是不是饿了，并且还夹了两块面里的牛肉给我吃，我本来想婉拒的，但是，开吃前老师已经把肉放在面前了，我只能诚惶诚恐地用桌上的碟子接过老师筷子上夹来的牛肉，赶紧给师兄也分了一块儿，他本来想推辞，但是见我态度很坚决也就作罢。我谢过老师，然后有点不好意思地吃了下去。又等了半晌，我的炮仗面也终于端上来了，但是没想到这个炮仗面是带汤的，我第一次见，味道尝起来也觉得很一般，但还是继续吃下去。其间老师让我用我带的杯子接那个店家的白开水喝，我之前尝了一口他们倒的茶，觉得水质偏硬，就没有给自己的茶杯里倒水。

吃完饭，我们在街上开始了来到这里的第一次采购，主要是买了两个盆子、五个毛巾、一提卷纸、一把扫帚，一共 40 元。买东西的这家店老板是湖南人，师兄是湖北人，两个人攀上了亲戚，互相称呼彼此为老乡，我打听到了这个老板的老婆是甘肃天水人，我立刻亮明了自己是兰州人的身份，所以我们和他们一下子都是老乡了。

买完东西回去以后，师兄说出发时自己的皮带没有带，裤子一直松松垮垮的，说要上街买个皮带，我就跟着师兄一起出来了。他

买皮带的时候，因为之前得知那家店的女老板是个甘肃天水人，我让她便宜一点，她拒绝了，我就很强硬地说了一句“那咱们这次就是一锤子买卖”，那个女老板也毫不示弱，说“那就一锤子买卖呗”。感觉有点生气的样子，或许做生意的人应该都比较讨厌这句话吧。

回去的路上我看了一眼手机，老师发了条信息说“多带瓶水”，于是我折回去买水，当我快走到住的地方时，恰好碰见了刚从我们那个屋里出来的村主任，我看到他背后有灯的光亮，没有来得及多想就已经和村主任迎上了，我们聊了一下，他说明天他不在，已经委托了村书记帮助我们处理电的事情。我心里觉得这个村主任非常负责，把事情都安排得妥妥当当。笑着送别村主任后，我走进屋里一看，原来有灯光的原因是村主任拿来了一个大的蓄电池和一个外接的灯泡，给屋子里弄起了一盏灯。

当时接近22：00了，我们都开始洗漱准备休息了，我和师兄把最好的床留给了老师，晚上铺床的时候，我们去“氧化钾”他们家里借了两床被子和两个垫子，然后因为我个子比较大，所以也分到了一个床板位，可怜师兄窝在沙发上凑合了，熄灯以后大家都和衣而睡。

第二天一早，闹钟7：00就响起来了，把我们三个人都叫醒了。起来洗漱完毕以后，我们拿出了昨天在街上买的馍馍吃了起来，老师吃的是白大饼，我和师兄吃的是豆沙饼，感觉师兄不太喜欢吃豆沙饼，但是我却吃得津津有味。吃完早餐，老师又开始说起修电的事情，说今天无论如何都要解决好电的问题，并且一再向我询问昨天村主任安排的修电事宜，我说村主任已经都安排好了，老师您放心就是了。

接下来老师拿出了电脑，开始和师兄一起做一些文字工作，时不时还会进行一波紧张且激烈的交流，但是随着他们电脑电量的逐渐减少，老师很明显地着急了起来，开始不断地念叨着什么时候来电的事情。10：00多的时候，老师直接要求我给村主任或者村书记打电话确认来修电的事情，我给村书记打了个电话，他说知道这件事情，等一下过来看看。这通电话给了我一个错觉，就是以为村书记自己对于修电这件事情信心满满，好像一件微不足道的小事，或者说他自己内心中已经把这件事情解决了。所以我心中也升腾起来了一种盲目乐观的感觉，并且把这种错误的判断传达给了老师，老师不禁喜形于色，说出了一句："这样的话就太好了！"

但是万万没想到，过了一个多小时村书记开着车来到了村委大院里，但是他没有管我们，而是去办公室里不知道处理什么事情去了，我决定不要坐以待毙，显得太被动，而是要主动出击去看看到底他是否打算帮我们处理电的事情，于是我叫上师兄一起去找村书记。正好走到他办公室门口时，他拿着一面崭新的国旗从办公室里出来，然后交给他的助手，把院子里国旗杆上那面已经褪色的旧国旗放了下来，换上了新的国旗。我趁着这个间隙问了一下村书记电的事情，没想到答复是他也不太清楚电工的手机号。我当时其实挺震惊的，也有点生气。没想到这位村书记如此不负责任，亏得昨天晚上村主任老哥还笑呵呵地保证明天村书记会安排处理好一切，但是现在人家都这么说了，这下我也没了主意，只好回去跟老师如实说明了情况，并且给村主任打电话询问接下来该怎么处理，没想到村主任的电话这个时候也打不通了。我在那一瞬间感受到有些绝望，可怜、弱小、无助——说的就是我本人了。但是，我记得昨天村主任说了修电的人会在下午一两点的时候过来，所以我一直坚信村主任已经安排了电工过来，这是我们这边能依靠的最后一线希望了。

当一切陷入僵局的时候，已经接近午餐饭点了，我们上街去吃饭。在饭店和做饭的小伙子聊到了修电的问题，他给我们提供了一个重要信息，在这个宁秀乡包括智村——田野点都没有一个真正意义上的电工。如果电路有什么问题，是要从和日镇或者果洛新村那边的供电所调来人修电。那个小哥说他自己不知道电话，但是他的爸爸知道电工的电话，说可以帮我们问一下。我留下了小哥的电话，说有消息给我这边发个短信，他也满口答应了。吃完饭回去我们就午休了，午休前都期待着关于修电的问题，下午能够出现一些转机，然后就沉沉地睡去了。

下午老师是第一个醒来的，起床以后，我和师兄也得第一时间跟着起床。老师询问道，怎么还没有来人修电呢？是不是我们中午睡觉的时候错过了呢？正当焦虑的感觉即将充斥我们这个屋子的时候，师兄突然指着天花板上的灯管说，这不是来电了么？我抬头一看，只见灯管发着白光，而且非常稳定。我心中暗自欢呼了一声，好耶！没想到困扰了一天多的问题就这么突然被解决了，有点出乎意料。在兴奋中依旧保持理智的我，赶紧拿着我自带的插电板插在了其中靠近我这边的床上，然后用手机充电来测试一下电压是否稳定，结果电压稳定，手机充电输入也很稳定，这让我感觉到踏破铁鞋无觅处，得来全不费工夫。老师和师兄也感到很开心，一脸欣喜的样子。

但是万万没想到，好景不长，刚过了不到十分钟，我把村主任昨天过来安装上的那个蓄电池灯泡拆下来以后，天花板上的那个灯管就开始了闪烁，然后在我们三人诧异的注视下最终熄灭了，然后我冲过去看到给我手机充着电的插线板也没有了电力的支持。刚才

的一切如梦似的像一场闹剧，如一个泡影。接下来我们三人经过了一系列无谓的测试和挣扎以后，终于确定了一件事，刚才来的电是一个假象，是一场满足内心狂欢的海市蜃楼。

那么经历了一次喜悦和失望后的我们，接下来还是得面对没有电的问题，我依次给村主任和那个餐厅小哥打了电话，但都是无人接听的状态，这让我们的通电大计变得无比渺茫。关键时刻，还是老师站了出来，有幸联系到了一个三年前在果洛新村做田野调查时访谈过的修电师傅，名叫索南。老师和他取得联系后，人家很肯定地表示问题可以得到解决。他现在供职于果洛新村，因为下午要开会，所以无法亲自赶来。但是，他提供了一个电话号码，让我们拨打联系，说等一下就会有相关人员来帮助我们解决电的问题，他会亲自和那边联系，提前打好招呼。过了不久，那个电话号码发到了老师的手机上，老师判断那边是藏族工作人员，所以让我拨打电话去预约修电，我打过去以后对方使用了很标准的汉语询问了我相关事宜，并且表示会通知他们的工作人员来给我们修电，我向那边再三确认今天之内会不会有人过来解决问题，那边并没有给我一个确定的答复，但是说会尽量在今天解决。当打完这个电话的时候，我看了一下时间，已经接近 16：30 了，所以我对于今天是否能通上电，表示不是很乐观，并在脑海中开始想象晚上继续没有电的样子。

又是一段漫长的等待，时间飞逝，我看了一眼手机，已经到了 17：30，一般来说国企不都应该是朝九晚五下班的吗？撑死了 18：00 下班的话，估计那些供电所的人也不会来了。所以我带着已经死心的觉悟跟老师说，现在已经 17：30 了，估计今天那些修电的人是不会来了。老师眉头紧皱，也没有多言语。过了一会儿，我听见老师又给那边打了个电话确认了一下，看来老师还是抱有希望的。

过了大概 15 分钟吧，我的手机突然响了，电话那头的人问我，“你们在哪里？我们是修电的”，当时我震惊了，没想到在绝望中再一次迎来了希望。我立刻把这个消息通知了老师和师兄，老师一脸欣喜的同时不忘调侃我是个乌鸦嘴。我表示，如果是要发生好事的话，当个乌鸦嘴我也认了。

不一会儿，一辆印着国家电网的小汽车伴随着引擎的轰鸣声开进了我们住的村委大院里，车上有三个人，一个司机全程坐在车里，下来两个小哥。一个看起来是藏族小哥，戴着一顶礼帽，皮肤黝黑，眼神好像不太友好，手里还夹着一根烟。另一位看起来是个汉族小哥，皮肤白皙，穿着国家电网的工作制服，手里还拎着一个工具包。我过去简单和他们交流了一下我们目前的情况，并且复述了之前村书记和村主任交代我们“电路是没问题的”，估计是接触不良的情况。穿工作制服的小哥表示要先去检查一下电路情况，但是这个时候我就比较慌张了，因为之前我也试图去寻找这个村委大院的电表在哪里，并且几乎把我们那一排所有的房间都看了一圈，并没有找到。这个时候我在心里犹豫该怎么给这个小哥汇报目前找不到电表的事情，但是没想到人家大致看了一下电线的走向，然后根本不理会那长长的一排办公室房间，而是走进我们的那个房间，然后朝着屋顶瞅了一眼，之后便径直走出了村委大院，绕到了我们房间后面的那个院子。

我立马跟着他们跑了出去，结果发现在我们房间背后的那堵墙上面挂着一个电表，那个穿工作服的小哥对我说，帮忙去找个梯子吧，不然他够不到。这时我注意到，师兄和“氧化钾”都不在附近，说明他俩已经去找梯子了，我就再没有去找他俩，而是决定留下来跟这两位小哥聊聊天。我们用藏语随便聊了两句，不过我能感觉到

这位小哥比较腼腆，话不是很多，所以我也没有尬聊下去，而是站在旁边等待着师兄和“氧化钾”搬来梯子的那一刻。那时候的太阳非常毒，我感觉自己脖子上面的那一层皮快被晒脱了，过了五分钟左右他俩还是没什么要来的迹象，于是我有点不耐烦地发了条微信给师兄，问他们到哪了。刚发过去没多久，师兄和“氧化钾”就搬着一个大梯子走了过来，看着他们顶着太阳过来的样子，我突然有一种预感就是，修电的事情肯定稳了。

那个穿蓝衣服的汉族小哥站在梯子上检查了一下电箱后轻轻地说了句“问题不大”，是电线接触不良的问题，因为风吹日晒以及下雨的缘故，裸露在外的电线有一部分氧化了，所以不再具备导电功能，因而我们的房间断电了。接着，这个小哥提出的解决方案是让我们去找一截良好的电线，把氧化了的那一截电线替换掉。我们绕着院子转了一大圈，试图在那个正在建卫生室的工地上找到一截电线什么的，然而没想到早上还有的电线早已经被收拾得一干二净。老师提议让我和师兄去街上买电线，我当即就要出发，但是那个藏族小哥却制止了我的行动，说没必要去买。只见这位小哥身轻如燕，轻轻松松两三步就攀上了院子边上的围墙，然后顺势爬上了屋顶，他在上屋顶之前，为了测试房顶看似松散的瓦片能否支撑起他的体重，他先是用手使劲地撑了几下，确定结实以后才翻身上房。他在房顶上转了一圈以后，很快找到了一根可以用的电线，然后叫我去找那个蓝衣小哥拿个手钳子过来，截断了电线，随即送到了蓝衣小哥手里。蓝衣小哥拿到了电线，很快就安装上去，然后吩咐我去屋里看看电来了没。

我三步并作两步走到了屋里，怀着一丝丝的小紧张、小激动按下了电灯的按钮，一瞬间头顶的灯管亮了起来，没有闪烁，也没有熄灭，我赶紧又测试了一下墙上面的那个插线板，给手机充电的时候也很稳定。这就充分说明，我们房间里关于电的问题，终于圆满顺利地解决了。接下来就是我们师徒三人轮番感谢来修电的师傅们，然后看着他们开着那辆印着国家电网的皮卡车，尘土飞扬地离开了我们所在的村委会大院。

望着那逐渐远去的车影，又回头看看屋里亮着的灯管，感觉特别欣慰，经过大家的不懈努力，这一场坎坷的“寻找光明之旅”也终于画上了一个圆满的句号。来到田野的第一天，就发生了这么多事情，我也开始逐渐明白原来田野调查不仅只有学术上的工作，生活中这些看似微不足道的事情实际上却至关重要，而且我们要得到锻炼的也不仅是进行学术研究的专业能力，还有在生活中解决实际问题的能力。我们师徒三人一来到田野，就齐心协力，分工合作地解决了这样一个棘手的问题，彼此之间在这个过程中得到了锻炼和进一步的磨合，对于接下来一个多月将要在田野里发生的任何困难和挑战，我也有了去勇敢面对的信心和底气。来之前，我心里充满了不安和忐忑，而现在我甚至开始越来越期待接下来在田野调查中会发生的事情了。

跨越32年的传奇一箭

嘉华杰

我小时候就知道父亲的老家每年都会举行射箭比赛，父亲经常给我讲述一些关于射箭比赛的故事。在那些故事里，有一个绕不开的人物，也是我最感兴趣的一个故事中的主角。他是父亲口中整个村子有史以来最伟大的神箭手，他曾经“扶大厦于将倾，挽狂澜于既倒”，在一场非常关键的射箭比赛中一箭制胜，战胜了对手。我时常会想，到底是怎样一个人射出了这传奇的一箭？从当事人的视角中，又会怎样看待这一场被别人赋予了传奇色彩的射箭比赛？

不知道是缘分还是巧合，从我第一次听到这个故事差不多20年后，我带着这些问题来到了这个故事的当事人面前，他将作为我硕士学位论文的重要访谈对象，亲自谈谈这一场射箭比赛。为顺利完成学位论文，2019年8月中旬，我开始进行田野调查，我的田野点在青海省共和县下卡力岗村。进入田野后，经多方联系，我终于约到了故事的主角——交巴加，此时他已经75岁高龄了。进了家门后，发现交巴加爷爷并没有我想象中的那么威武，他只是一个儒雅随和的老人，甚至还有点腼腆，访谈的过程并没有想象中那么波澜壮阔，他的语言非常朴实、内敛。但是提及那传奇一箭，老人多少还是显得非常感慨。我从老人语言的碎片，逐渐拼凑起了在他的视角中32年前的那场比赛。

> 1987年正月初三，下卡力岗村率先前往恰不恰乡下属的加拉村进行了一场射箭比赛，当时派出的射箭队伍集中全村所有的“达瓦”（藏语音译，意为参与射箭比赛的射手），总共约120人，年长的有70岁，年轻的只有14岁。大家乘坐两辆卡车一起出发，路程大约40千米。
>
> 这是一场规模非常大的比赛，从大清早7：30开始比赛，射过一轮就过了晌午。这一轮比赛后，只有加拉村射中了一箭。吃完午饭后，14：00开始第二轮比赛。下午的比赛中加拉村手风很顺，连中五箭，可以说加拉村在场面上已经完全碾压式地战胜了下卡力岗村，（选手）胜券在握，得意扬扬。下卡力岗村的大部分人已绝望了，很多人都已经开始盘算着比赛结束后如何逃离赛场，免得遭到加拉村民的取笑[①]。后来有一位老人说，当时他遇到了一个加拉村的老人，当着他的面，指着他的鼻子说：“加拉村的台面可不是你们这种小地方的人可以来上的，撑住喔！”下卡力岗村的老人被取笑，但又无可奈何，只能悻悻地说：“等着瞧吧！”
>
> 本来按照常理，箭法最好的人要等到最后压轴出场，称之

① 比如，笔者的父亲，他当时在县城读高中，据他本人所说，当时很后悔来到这个鬼地方，要遭受此等奇耻大辱，本来晚上应该还在加拉村住一晚，但是想到接下来可能面对的各种调侃和嘲笑，暗自决定比赛结束后立刻离开加拉村，跑到学校的宿舍里去住一宿。

为“达秀”（藏语音译，汉语意为后箭）。但是这次比赛我本身不是“达秀”，不过因为和我对位的那个对手忙于去筹备晚上的文艺演出，所以我射箭的顺序一拖再拖，一直拖到了最后一箭。当时对方——整个恰不恰山沟里所有村庄的人都聚在一起，把我们围得水泄不通，就等着看我们的笑话。

当时我舅舅走过来偷偷把我们村剩下的几个还没出场射箭的人叫到了一边，对我们说：“你赶紧祈祷一下，承诺一个保佑，就算不能超越对方所有的箭，起码能超越对方一两支箭，让我们输得不要这么难看。”我反问了一下：“怎么承诺这个保佑？”舅舅说：“就是你现在承诺对地方神煨桑，之后补上即可，一万份桑就是一大盆桑料。”我当时一听，觉得也不难做到，就在心里面默默承诺，“希望地方神保佑我，我承诺回去给嘛呢康里所有的神灵煨三万份桑还愿”。

当我自己承诺完以后，我的对手还没有来，但我自己的感觉已经有点不一样了，我的心开始莫名的焦虑、着急。又过了一会儿，我的对手终于来了，我俩站在了赛场上，开始比赛。当时天色已经很晚了，我都看不清箭靶，只能隐隐约约看到箭靶的轮廓。再加上对方在箭靶附近欢呼雀跃，用力跺脚，扬起很多尘土，试图干扰我的视线。我的对手率先射，他的第一箭没射中，我第一箭擦着箭靶的顶部飞了出去，也没中。对手的第二箭依然没中，当时所有的压力都来到了我这边，我即将射出今天这场比赛的最后一支箭，当时大家都已经不抱希望了，对手喜形于色，开始准备庆祝比赛的胜利了，我一边在心里祈祷，“如果有神灵就请今天来保佑我，如果没有神灵，今后也就这样了”，一边很淡然地射出了最后一支箭。

射完后，我看到这一箭射中了箭靶，也没抱太大的希望能超越对方很多的箭，但是此刻我感觉到这个世界上的确有神灵的存在。出乎意料的是，我的这一箭比我想象中要厉害得多，直接超越了那天下午对手射中的全部的箭——一箭制胜。当时我们村很多人激动得兜不住眼泪，像你爸（笔者的父亲）就哭得稀里哗啦，同时对手们都难以置信，半天缓不过神来，任由下卡力岗村的人们开始肆意庆祝，虽然那天从结果上来说我们一比一战成平手，但是在场所有的人心里都清楚，我们下卡力岗村赢下了这场比赛。

前两天我遇到了加拉村当时的村主任，他对我说："交巴加爷爷，您当时那一箭可真厉害啊！"我顺着他的话没忍住也吹了一嘴说："厉不厉害我不知道，反正我当时一箭射散了加拉村。"那个村主任说："确实如此。"当时我们落后的时候，加拉沟里认识我们的那些熟人过来开玩笑式地嘲讽我们、取笑我们，我那一箭射中后，回过头来找他们时都不见了踪影。

这件事过去30多年了，可我时常还会梦见那一天的场景。

访谈结束后，我提议给他拍几张照片，老人非常坚定地要求穿上了藏装。当他换完衣服后显得非常精神和威武，看到老人的模样，我突然间非常感动，那种斗志昂扬、意气风发的精气神儿，仿佛让我看到了他当年的雄姿。也许这就是精神的感染力吧！

拍完照片后，我发现老人手里拿的是牛角弓，在访谈期间，天天耳闻的牛角弓，第一次见到了它真正的面目，巧的是，这张弓正好也是当年他射出传奇一箭的那张牛角弓，然后当时射的箭也正好在家里，这一下仿佛梦回32年前，让我又感受到了那一场曾经让父

亲哭出声的比赛现场。

一个人的一生能有这么一件值得回忆的事情，想来也是极好的，一生只为一瞬，一瞬决定一生。

交巴加爷爷——村里的神箭手

射箭比赛前的黎明

嘉华杰

2019年2月6日，大年初二。我开车从甘肃兰州出发先行抵达了青海省海南藏族自治州共和县。我的第一站是堂兄家，当我到达小区门口时，爷爷奶奶已经站在那里等候了。到家后和许久不见的亲人们互相祝福，拜完年后，来不及坐下好好说说话，我就匆忙地询问什么时候可以去下卡力岗村——我的田野点，因为根据之前收集的信息，大年初三就要正式开始射箭比赛，我想提前赶到村子里做好准备。家里人虽然很不舍，但还是很支持我，当天下午我就和堂姐夫一起驱车赶到了下卡力岗村的家里。

到家忙完手上的活儿后，我问姐夫能不能带我去拜访一下明天射箭比赛的负责人，也就是“达宏”（藏语音译，汉语意为“箭官”“箭头”，即射箭比赛中的队长）那里打个招呼，告诉他我明天要去观察和拍摄村里的射箭比赛。虽然我也是本村的一员，因为我的父亲生于斯、长于斯，按照藏族的传统观念，父亲的儿子是他的延续，可以继承他的一切，而且我的户口本上籍贯也是在这里，但是毕竟

我从小在外地长大，除了家人以外，和村里绝大多数人不太熟悉，根据自己以往在其他地区的田野经验来看，进入田野时如果能和当地的领导或者比较有威望的人建立关系，对田野工作的开展有极大的帮助。所谓“人情社会”，我进行田野调查的地方也不例外，所以还是先去拜个“码头”为妙，免得明天会有什么意外，耽误了正事儿。

姐夫赞成了我的建议，他拿出电话联系起来，我赶紧到车上拿出了之前准备好的哈达和两瓶青稞酒，准备一会儿送给射箭比赛的负责人，用来拉近关系。不巧的是，这位负责人今天下午在县城处理一些事情，到晚上才能回到村里，不过姐夫介绍了一下我的情况，他很爽快地答应了下来，让我明天早上到村里的寺院门口见面。晚上躺在床上，思绪万千，不知道明天的行程是否会顺利进行，假如不顺利，我又该怎么办才能去解决呢？

一夜无眠……

我原本定了6：00的闹钟，5：30婶婶就叫醒了我，说人们已经出发了。我赶忙起来收拾了一番，带好相机和礼物，便与姐夫一起开车前往玛尼康（藏族信众平时进行宗教活动的场所，也即村里的公共佛堂），下卡力岗村不是很大，大概两分钟后我们就到了，那时候天色还很昏暗，室外的温度很低，但是玛尼康门口的煨桑台边上燃起的火光已经照亮了一大片地方，有大约40个穿着藏袍的男人围成一个圈，站在煨桑台前，当时温度很低，大家都尽可能地把身体缩在藏袍的衣领里面，只露出半个头来。也有零星几人在煨桑台旁边的白塔前磕头，这是村里的才旦加爷爷投资修建的村内白塔，据说修建的时候白塔上出现过彩虹，负责施工的老板说，曾经修过无数个白塔，这是第二次见到白塔上浮现出彩虹的奇异景象。人们念经祈祷的声音此起彼伏，空气中的桑烟混杂着糌粑和松柏枝的气味。当视觉、听觉和味觉三位一体扑面而来时，我才恍惚意识到，过往岁月心心念念的这场寻箭之旅已经正式拉开了帷幕。

堂姐夫推了推有点愣神的我，指着一个站在煨桑台上的人说，这位就是今天射箭比赛中下卡力岗村的“达宏”。我在煨桑台下面只能看清他的轮廓，身材瘦小，但是举手投足之中又彰显着干练，因为他还在忙碌，所以没有办法第一时间跟他搭上话，我只能默默地等在一边，心里祈祷着比赛能够顺利进行，下卡力岗村能够获得比赛的胜利，我也能收获自己想要的资料。

约莫 15 分钟后，“达宏”走下了煨桑台，他给周围的人交代着一些事情，堂姐夫带着我见缝插针地钻到了“达宏”的面前，起初他疑惑地看着我，因为我的穿着打扮与这里所有的人都格格不入，而且我的外形看起来也不像是个藏族人。堂姐夫见状立刻上前解释一番，告诉他我的身份和此行来这里的目的。他的眉头终于舒展了一些，走上前来，对我说的第一句话是：“我知道你是谁了，我和你的堂兄东贝是好朋友。”那一刻我感觉心里的石头终于落地了，连忙把手中攥了很久的青稞酒和哈达递了上去，对他说：“哥哥，接下来的比赛过程中还得麻烦您多照顾了。”

其实这个时候，我才看清了他的样貌，年纪不大，三十出头的样子，藏袍下面只穿了一件崭新的红色毛衣，整个人显得非常精神。他的形象与“达宏”在我之前想象中的那种成熟沧桑、不怒自威的形象大相径庭，以前我很难想象一个如此年轻的人就可以当“达宏”，可以说在田野中遇到的第一个人就给我带来了新的冲击，难怪导师常说“没有调查就没有发言权”。面对我的礼物，他显得有点不好意思，不过在我的一再坚持下，还是道谢并且收下了。他对我说，

今天会很忙，他没时间时时刻刻都关注到我，让我跟着大部队行动，如果遇到什么问题随时找他就好。他的安排正合我意，原本计划中的研究，本身就需要站在一个客位的视角上，对最真实、最纯正的射箭比赛进行参与观察，我立马应承下来，并表示感谢。

煨桑活动结束后，人们开始陆续走进了旁边的玛尼康里，当我进门后姐夫提醒我在经堂里可能不允许拍照和录像，让我见机行事。经堂里面，灯火通明，亮如白昼，整个房间里从墙角处开始都环绕摆放着酥油灯，我惊讶于数量之多，目测大概有上千盏。但是传统的酥油灯点燃时会散发酥油的味道，以这里的规模应该会很浓烈，但是在场我闻不到任何一点气味，甚至不如在外面煨桑台时的感觉。我仔细观察后发现，原来经堂里摆放的都是“电供灯”，即仿照酥油灯的模样制作而成的电灯，电供灯中的光也像酥油灯一样，一闪一闪，非常逼真。经堂正中间有一位僧人坐在地毯上念经，他面前的小桌子上摆放着经书和各种法器，之前在外面煨桑的人们都围坐在经堂里面，跟随着僧人祈祷。僧人时不时会摇动法铃和法鼓，并且会拍几下手。

我站在角落里的柱子旁，偷偷拿出手机拍摄了一些照片和视频，不知为何，心中总是忐忑不安，害怕随时都有可能被发现，更害怕被发现以后有可能被直接赶出去。当我在大厅边缘谨慎地来回走动以调整拍摄角度时，突然感觉脚边不慎碰到了一个东西，发出了一些声响，低头一看，原来是不小心碰到了一堆整齐摆放在地面上的弓，这时旁边走来了一个大叔，他略带责备地看了我一眼，低声说道：“这个可不能乱碰。”然后把我踢乱的那堆弓重新整理了一下。我很抱歉地朝他笑了笑，然后也没有继续拍摄下去，免得再次引发什么误会。

过了不久，诵经仪式结束了，僧人和大厅里的人们都站了起来，陆续开始从左侧的门走进经堂内部的佛殿，我不能跟着进去，只是看每个人手里都拿着一条哈达，应该是进去在佛像前献哈达祈祷，当人们从右侧的门出来时，门口有个人专门拿着一些水果，给每一个出来的人手里塞一个。我也有幸拿到了一个苹果，姐夫告诉我一定要收好，这个苹果会带来好运。当所有人从佛殿出来后，他们聚在经堂的大厅里，有人拿着一捆箭分发给每个参赛的人，随后各自拿起之前统一摆放在地上的弓。大家左手持弓，右手拿箭，双手高举过头顶，身体半蹲，双脚岔开，大概与肩同宽，然后双脚用力地跺着地面，在“达宏”的带领下开始放声啸叫，发出“拉加罗”（藏语语音，汉语意为神胜利）以及“盖嗨嗨”（藏语拟声词）的声音。这个仪式随后在经堂外，以及玛尼康的门口各进行了一次，一共三次。之后，人们各自坐上自己的汽车或摩托，前往射箭赛场的靶场。

饼，不只是一个饼

阿 鑫

高丙中教授在《西太平洋的航海者》一书总序中说：“学术并非都是绷着脸讲大道理，研究也不限于泡图书馆。有这样一种学术研究，研究者对一个地方、一群人感兴趣，怀着浪漫的想象跑到那里生活，在与人亲密接触的过程中获得他们生活的故事，最后又回到自己原先的日常生活，开始有条有理地叙述那里的所见所闻。”读到这里，我更加渴望去下田野。

2020 年 1 月的一天，去新疆察布查尔锡伯自治县民族博物院调研，是我选择民族学这个专业以来进行的第一次田野调查。我想多学习一些知识，掌握民族学最基本的能力，所以很珍惜每次实践的机会，为了实地调查能顺利进行，我翻阅了有关的文献资料，认真向多次进行过田野调查的师姐请教了相关注意事项，在准备齐全所需东西之后，我终于踏上田野之路。坐着车欣赏沿途的房屋、人家、田野，如诗如画的风景稍微舒缓了我前往调研的紧张感，说实话，当时我更多的是期待、期待、期待！

我的田野点——锡伯民族博物院，位于新疆察布查尔锡伯自治县孙扎齐牛录乡境内，地理位置优越、交通便利。它是展示锡伯族西迁、屯垦戍边的历史和锡伯民俗的专题纪念馆，馆内藏有大量珍贵的文物、图片、雕塑等艺术品，运用多媒体动画演示的现代手段，多角度、全方位地展示了西迁锡伯官兵及家眷从东北大兴安岭地区到新疆伊犁察布查尔自治县的发展历史，还有沙盘模型：嘎仙洞、锡伯家庙和养心殿等场景复原，通过一系列生动形象的展品表现了锡伯族在保卫西北边疆工作中发挥的重要作用，高标准的场馆建设受到当地人和各地游客的广泛称赞。

我们在工作人员的指引下进入了景区。对于我们的到来，他们十分高兴，热情地向我们介绍了景区的具体情况，以及他们平时的工作情况。进入景区，最先吸引我的是一个用超级大的模型制作而成的“锡伯大饼”，看着十分真实，就像一个真的锡伯大饼悬挂在眼前，无比诱人，有种想伸手过去拿上就吃的感觉，“锡伯大饼”的模型是放在大约半米高的木板之上的，木板上面用醒目的红色写着“天下第一饼”五个字，字的左边是舞台，舞台上面有人正在表演节目，旁边还有正在制作锡伯大饼的阿姨们，虽然我自己在家也吃这种饼，基本的制作和食用方法我都知道，但是饼的真正意义我并没有过多的了解。说起锡伯大饼，那还得从257年前说起。1764年，农历四月十八日，锡伯官兵携儿带女，惜别家庙，从故土盛京（今辽宁沈阳）出发，一路含辛茹苦，走过千山万水，抵达伊犁。从此，肩负起戍守边关的光荣使命。历经两个半世纪的传承和变迁，当地锡伯族民众完整保留了锡伯族语言、文字和风俗，并与当地维吾尔族、哈萨克族、汉族等民族交往交流交融。居住在察布查尔锡伯自治县的锡伯族民众，他们以烙“锡伯大饼”的方式纪念“西迁”戍边的锡伯族先辈。

众所周知，新疆美食众多，我个人觉得，在我的家乡伊犁，能与拉条子、烤包子、抓饭、烤肉、纳仁、大盘鸡等美食相媲美的，除了锡伯大饼以外，可能找不出其他更具民族风味特点的美食了。锡伯大饼作为锡伯族人日常主食的一部分，就像南方人喜欢吃米饭、维吾尔族的饮食离不开馕、哈萨克族热爱奶茶和纳仁一样，一日三餐，平常至极。通过田野调查发现当地许多民族的人都会吃锡伯大饼，有的甚至还会做。我看见正在做锡伯大饼的阿姨，她告诉外地游客："在吃锡伯大饼之前，一般要将其平均分成几块，摆在盘里。"她接着说道："每个东西都有不同的吃法，那你们知道吃的时候是怎么拿的吗?"我激动地说："锡伯大饼的正反两面分别代表着天和地，天和地是不可以倒置的，所以拿的时候必须是天包着地，天在外，地在内。"阿姨笑着看看我，她表面上是在夸我"厉害啊姑娘"，但是我能感觉到这并不是真心的，我猜她此刻心里正在责怪我抢了她的台词吧。这时一个游客问道："那怎么知道天是哪一面，地又是哪一面呢?"这次阿姨没有给我说话的机会，她迅速地回答说："分辨锡伯大饼的正反两面其实很容易，在烙饼的时候，有细小花纹的一面叫小花，它代表着地，留下大花纹的一面代表着天，吃的时候在中间夹上自己喜欢吃的菜或是辣椒酱，那叫一个美味呀。在长期的生活中，摆放的时候也是同理，天压着地，就是说大花朝上，小花朝下。"

在制作大饼的时候需要注意的事项有很多，这些都是先辈们流传下来的文化。锡伯大饼是用发酵好的面制作而成的，锡伯族人将这种发面叫作"发拉额芬"（锡伯语音译，汉语意为大饼）。锡伯大饼一般都是现烤现吃，所以吃起来松软清香，久吃不厌。锡伯族女人制作锡伯大饼时需要揉面、擀面，之后将面饼挂在擀面杖上，再平放入锅中，把它烤熟，制作时须遵循“三翻九转”的原则，这一连串的动作是一气呵成的。小时候，我经常会听见妈妈说哎呀哎呀，动作慢了、花儿太小了、火候不行等，而且在以前能不能烤制出好吃又好看的大饼，往往与是否贤惠、能干、勤劳等联系在一起，在老人的眼中，烤制锡伯大饼，也是锡伯族女人必须学会的一门技艺，现在总算理解了在家时爸爸每次都会看着妈妈做的越来越好的锡伯大饼，并且说以前奶奶在世的时候总会说妈妈做的饼很黄很硬，不生大花……

在落日的余晖中我回到了家，匆匆吃完晚饭后，我回想着一天调研的情景，锡伯大饼的制作方法和食用习俗里，是否也暗含了锡伯族人对于自然、社会、夫妻及婆媳关系的另一种观念呢？锡伯大饼在摆放时，“天包着地”这个习惯是不是寓意着“男主外，女主

锡伯民族博物院（2020 年 1 月阿鑫拍摄）

内”呢？不论我的想法是否正确，无法否认的是，从揉面、擀面到烙饼的烤熟这一过程，本身就是在考验女人们的耐心，我认为这也体现出了她们的勤劳。

这次田野调查时间虽然短暂，却让我学到了许多东西，正是印证了那句话——读万卷书，不如行万里路。学校里学的理论再多，也要去走一走、看一看，真切地去感受、去观察，毕竟“没有调查就没有发言权”。虽然在田野中会遇到许多困难，但心里要想着一次会比一次好。光是一个饼就有这么多的讲究，这说明每件事都有它

“天下第一饼”（2020 年 1 月阿鑫拍摄）

存在的道理，作为学习民族学专业的我来说，也是一种启发。我们要透过事物的表面看其背后的社会文化意义，需要去粗取精，由表及里，由此及彼，就像文章看多了，能一眼看出作者想表达什么，主题是什么，当然这是一个日积月累的过程。同时，我们也要磨炼自己的耐心，就和这锡伯大饼从揉面、擀面、烙饼到烤熟的过程一样，需要经历一个过程，我们做田野调查时也是一个循序渐进的过程，不是一蹴而就的，是需要通过不断学习、不断磨炼才能不断进步的，就像“妈妈牌”的锡伯大饼，越做越好！我们还要有一双善于观察的眼睛，有人说：“思维是核心，观察是入门。”我认为这句话很有道理，观察力是人类智力结构的重要基础，是思维的起点，是聪明大脑的“眼睛”。导师也一再强调我们要学会观察，有一双会发现问题的眼睛，而观察便是发现问题的关键。在田野中也是，也许你还没跟一个人说话，但是从他的行为方式上或多或少就可以看出一些问题。

田野碎思：突如其来的哭泣

阿　鑫

2021年1月10日，天气晴朗，我们一行二人从家门口附近的公交站台出发乘坐1路公交车，经过30多分钟的车程之后来到了我的田野点——孙扎齐牛录乡。它坐落于新疆维吾尔自治区伊犁哈萨克自治州察布查尔锡伯自治县中部，东距县城6.5千米，行政区域总面积203.57平方千米。这个乡生活着锡伯族、维吾尔族、哈萨克族、回族、汉族、东乡族。

孙扎齐牛录乡可以说是我的第二个家乡。童年时的寒暑假基本上都是在那里度过的，每次去姑姑家，我家邻里的大人和小孩都要打趣问："你要去哪里啊?"我都会大声说要去我姑姑家，反正就是觉得心里美滋滋的，等到了姑姑家，定会未见其人，先闻其声，姑姑在屋里，我还没到门口就大声喊："姑姑，姑姑，我来了!"接着我便能看见姑姑从窗户望向大门，然后高兴地跑出来迎接我，邻居也会踮起脚跟，透过矮矮的墙，我能看见邻居望向姑姑家说："这姑娘又来啦!"那时候感觉村里人都认识我，父母为人处世的态度，我耳濡目染，他们从小教育子女要有礼貌，所以每次不管路上遇见谁，只要逢人我都会打招呼，路边老人见了我都会夸我两三句，那心里喜滋滋的。

穿梭在孙扎齐牛录乡的街道，回忆着儿时的玩伴，想起和哥哥姐姐一起去采蘑菇的时光，时隔多年，以另一种身份又来到这里，仿佛过去的时光就在眼前，可是又觉得模模糊糊。我想研究这座充满历史和故事的古城，因此作为他者的我来到了曾经生活过的这里。初到田野，其实没有想着一来就要带有功利的心直奔主题，不知这么说是否恰当，就想着熟悉熟悉环境，找几个老人家聊聊天。我们来到了一个叔叔家，他是维吾尔族，今年（2021 年）58 岁，孙扎齐牛录乡居民，和这位叔叔聊了很久，了解到他们家的基本情况：他们家三个孩子都在外面，一个在上大学，另外两个在打工，他和老伴养了几只羊、种了几亩地。在访谈过程中，邻居家 55 岁的锡伯族阿姨 GLJ 还过来给送她做的锡伯大饼，说馍馍软，老人吃着不费力，能看得出他们和邻里间的关系很和睦。其间叔叔家的奶奶拄着拐杖走进来，听了一会儿，叹了口气，又拄着拐杖走出去，不久，又进来听一会，接着叹了口气，又出去了。

中午，简简单单地在一个小饭馆吃了碗拌面，想着下午再去转一转。在街道上走着，看见好多老人坐在家门口，我们便上前和他们聊了聊家常，我远远地看见上午访谈过的叔叔家那个奶奶坐在门口的板凳上，就在我们快要走到她家的时候，奶奶突然号啕大哭，声音震耳欲聋，哭声撕心裂肺，悲痛欲绝，一边哭一边说着什么，我有点紧张，加之奶奶的哭声胜过话语声，我的同伴虽会一些维吾尔语，但是并没有听见她在说什么，至于我，就更听不懂了。片刻之后，她像刺猬似的缩成一团，肩膀微微颤抖着，偶尔还能传来尖

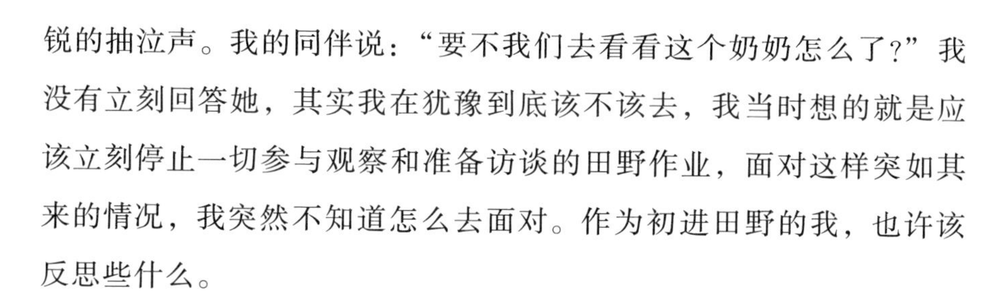

锐的抽泣声。我的同伴说：“要不我们去看看这个奶奶怎么了？”我没有立刻回答她，其实我在犹豫到底该不该去，我当时想的就是应该立刻停止一切参与观察和准备访谈的田野作业，面对这样突如其来的情况，我突然不知道怎么去面对。作为初进田野的我，也许该反思些什么。

我没有及时去关心和安慰奶奶怎么了，一方面是因为我纠结该不该管，这到底在不在我该管的范围之内，另一方面，我又怕人家会尴尬，怕她会哭得更伤心，因此我并没有选择立即走上前去……就在我内心还在挣扎的时候，她的儿子走了出来，他坐在一旁，用维吾尔语问奶奶怎么了，是不是腿疼，奶奶一边揉腿，一边哭诉着，但我还是没有听懂她在说什么，接着奶奶哭得更厉害了，这时，叔叔眉头紧锁，能看得出来叔叔有点生气：“实在不行你指指，到底是哪里不舒服了，你难受我们都知道，可是你也不能一直这样哭啊!”于是，她的哭声慢慢变成了小声啜泣。叔叔轻轻地拍拍奶奶的背，用哄着她的语气说：“别哭了，我在呢，没事没事啊……”奶奶的情绪慢慢平稳下来。

这时，我们走过去问道：“奶奶她为什么哭?”

叔叔一边搀扶着奶奶，一边跟我们说：“姑娘，咱们进屋里聊吧!”叔叔和奶奶交流的时候说的是维吾尔语，因此他把刚才奶奶哭泣的过程给我们描述了一遍，我的同伴能听懂一些维吾尔语，也能进行一些简单的对话。这位叔叔在和我们交谈时说的是汉语，实际上，他还会说锡伯语和哈萨克语，因为长期与多民族交往，所以会好几种少数民族语言。

进入房间后，叔叔先把奶奶扶到她的房间，然后一边走向我们一边说：“她心里难受，我们平时都忙，她也不会玩手机，就喜欢听听收音机，我有时候把收音机给她调好，让她听戏，可她听了没多久就又塞给我，嫌它太吵，我只好把收音机关上，留她一个人在房间里，我也不太明白，她以前特喜欢听戏，现如今总会一个人安安静静地坐着，除了吃饭睡觉，就会静悄悄地待着。”

同伴说道：“可能人老了都会这样吧。”

叔叔说：“我妈没生病的时候是非常拼的一个人，总是有用不完的力气，家里的几亩农田被她一个人收拾得很好，院子里也种满了蔬菜和水果，浇水、锄草、施肥，一样也不落下，里里外外都收拾得利利索索的。她每天都有干不完的活儿，生病住院的次数也很少，把孙子孙女都照顾得很好，生病之后，她就什么事也做不了了，生活起居处处需要人照顾，所以可能是心里委屈和着急，才会哭吧。”

我也没敢问太多。我觉得奶奶哭，大概是因为自己从前是个很要强的人，现在连走路都很困难，觉得人生了不能救治的病，累着别人，自己也活得难受，这件事让她无法接受，也想不通人为什么会老吧。其次，可能是觉得很孤独，这也让我想到了我奶奶的离世，当时爷爷哭得特别伤心，我记忆犹新，来烧纸的亲友都感叹道：“这老汉对他老伴的感情真深啊！哭得那么伤心。”之后很长很长的一段时间，爷爷每天都会哭，因此那段时间也确实影响到了我。今天遇见的这位奶奶，最重要的一点，我觉得也许是奶奶把我们当成了政府部门的人，觉得我们可以帮助到他们，能够替她解决困难和问题，也许我真的不该这么想。

这次的田野经历让我感受颇深，首先就是感受到时代在进步、社会在发展，人与人之间的关系也在发生着细微的变化，可能我们不再会逢人就打招呼问好，乡村社会相对还好，城市里可能大部分人连对门住的是谁也不知道，更莫提打招呼，在快节奏的生活和压

孙扎齐牛录乡村落（2021 年 1 月阿鑫拍摄）

孙扎齐牛录乡城楼门（2021 年 1 月阿鑫拍摄）

力下，往往让我们忽略了身边的人，而我们每个人也只是洪流中的一粒沙尘。世事沧桑，我们留不住岁月、留不住童年，甚至留不住故乡情，我们能留住的只有始终不变的初衷，把所有的不舍都留在心底，怀揣最初的梦想继续砥砺前行。

此外，面对奶奶突如其来的哭泣，我心里有种说不出来的滋味，有遗憾、有自责。总之，当时也责怪自己的无能为力，不知能否说自己是在逃避这些，反正有种难辞其咎的感觉，之后偶尔想起，可能还会觉得有些许发自内心的愧疚，我没有办法仗义执言：“我去帮您解决”。田野工作者自身也会面临许多意想不到的情况，可能会随时面临潜在的风险和挑战。这再次证明了开展田野调查时，我们可以以一个普通人的身份去力所能及地帮助他们，但是我们要始终记住自己的身份，每个人都有他肩负的不同的责任，也有自己该做的事情，我们要做到既能够走进田野，也能够走出田野。

田野调查进入难

安　宇

2015 年 8 月，我们一行三人在青海同德县果洛新村调研时，第一次感受到在一些地区存在田野调查进入难的问题。当时，我们刚到达果洛新村——跨州搬迁的生态移民村，入住村子路边一家常接待过往货车司机的简易旅店。我们进入房间刚放下行李不久，还没来得及休息，一抬头就发现已经有一个穿着警服的壮硕男子站在房间里，这使我们格外吃惊和局促不安。瞬间，我们就感受到一种紧张的气氛，预感到这次田野调查可能不会如设想的那样顺利，随即猜测到可能是旅店老板通知了村里警卫室的人。按照警察要求，我们取出各种证明材料，并跟随警察下楼到老板铺子里面的房间，那里几位领导正在茶几前端坐着，严肃的表情预示着似乎有什么在等待着我们。

他们再三确认我们的身份和调查目的，虽然我们有充足的证明并百般解释，仍是得不到进村的许可，必须等到村里一位叫 BDJ 的书记回来之后并征得其同意，还要有 400 千米之外的迁出地——玛多县政府发传真开具相关证明，才能开展调查。询问我们一行三人的干部说，之所以这么严格，是与之前发生的一桩事有关。据当地政府部门工作人员透露，2014 年 10 月，有国外来访者未经当地政府允许便进入玛多县，对当地有关问题进行调查，并在国外重要媒体报道，造成不良影响。因此，当地各级政府对于进入且调查玛多县情况的人员核查比较严格，学者必须持有玛多县政府盖章的证明并经果洛新村村委领导同意方能展开调查，否则不能进村，随便走走也不允许。就是在这样的氛围中，我们满怀着忐忑不安和焦虑度过了艰难而漫长的一夜。第二天一大早，和玛多县三江源办公室主任取得联系并说明情况后，把这次出行时携带的田野调查证明微信传给他，在他的协助下，玛多县政府通过传真给果洛新村发来了同意我们进村调查的函件，先前的焦灼和紧张方才缓解，可以正式开始对果洛新村进行田野调查时已是午后。而真正走进村子里，你就会感受到果洛新村村民的热情与好客，外紧内松，村里村外的气氛截然不同。

后来，我自己在西藏自治区靠近边境的察隅县进行田野调查时，再次经历了如何进入田野的困境。在准备去往察隅县之前，我已经在户口所在地派出所开具了边境管理区通行证（简称边防证）。到了察隅县城之后，需要去县政府旁边的相关部门对边防证审核并加盖印章。从察隅县城通往下察隅镇要经过下察隅大桥，这是察隅县城进入下察隅镇的唯一通道。任何人员和车辆进出下察隅镇时都需要下车接受检查，出示边防证、身份证或当地居住证，并进行登记方才被准许进入。大桥上管理严格，有划定的上下车区域，贴有显著的标示，禁止长期逗留和任何拍照摄像行为。有当地部队士兵不畏寒暑和日晒雨淋，每日在桥上站岗守卫。再后来，我在下察隅镇的村落中进行调查时，当地人曾用煞有介事的语气向我讲述外地游客

试图在大桥上拍照而被禁止的事情。据说一位外地女游客试图在桥上拍照时被执勤的士兵严格制止，一不小心，手机都掉落河水中了。村民告诫我，毕竟是边境地区，即使当地人出入一些特定区域都要接受严格检查，更不必说外地游客。其实，对于前往边境地区做田野调查的学者，执勤的士兵也会态度和善地告知办理正规手续的途径。当地军民关系很和谐，下察隅镇道路上偶尔也会遇到进行训练的士兵，我去嘎腰村的路上，出租车司机看到路边一位满头大汗、十分疲惫的士兵，司机还笑嘻嘻地问他需不需要搭车，士兵挥手谢绝，司机也习以为常。据说以前每逢“七一”和“八一”节庆之时，当地部队还会邀请村民进入部队开展联欢活动。

即使如此，外地人在当地长期驻留还是会引起地方重视的。我在下察隅镇嘎堆嘎美村居住了一段时间之后，就因为当地人受到村委领导的忠告而将我委婉地劝离。在我受到当地朋友帮助而居住在洞冲村时，当地辅警会及时发现进入村庄的陌生人，并严肃告知其三天内到当地派出所办理暂住证，方才能够较长时间地停留。外地人办理居住证需要相应的村委出具证明，并有一位当地人作为担保人才能够顺利办理证件，初到陌生之地的调查者，往往会因为没有熟人作为担保人而不被允许进入。去往下察隅镇几个最靠近边境的村庄，更是需要经过一处专门的检查站才能进入，因为这些村庄与对岸村庄仅一河之隔，所以不允许外人在村庄里长时间停留。尤其到了每年一些特定时期，当地对外来者的检查会更加严格。

前往西藏的这些特殊地区开展田野调查，需要研究者熟悉当地的管理政策，提前准备好相应的证件，如果有熟悉的当地人引入，将会更方便、更容易开展研究，或者与当地政府合作，亦可避免进入难的困境。

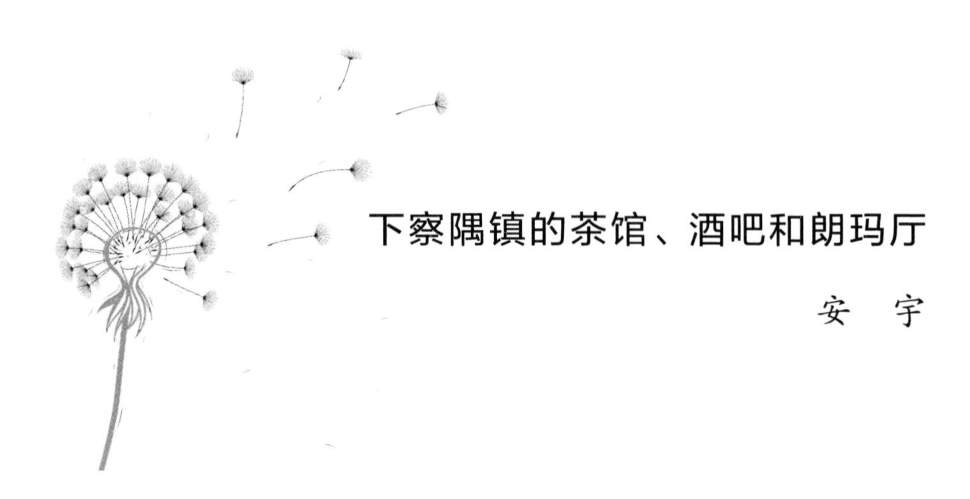

下察隅镇的茶馆、酒吧和朗玛厅

安　宇

《摩洛哥田野作业反思》一书中保罗·拉比诺受其关键报道人阿里引导而接触和体验柏柏尔女孩的经历，时常成为人类学师生茶余饭后津津乐道的话题。事实上，经常进行田野调查的人都知道，许多情况下调查者出于各种原因不得不徘徊在一些危险的情境边缘。这种让调查者十分矛盾的情境，又常常是让当地人卸下戒备之心和使调查者真正融入当地社会的关键时刻。

我在西藏察隅县进行田野调查时，最初就是通过酒局结识当地人，从而逐渐进入田野的。那时正值“八一建军节”，本以为又是一次没有结果的绕村，意外被当地几个退伍和参加过民兵训练的年轻人强拉进屋内喝酒。正是由于他们与军队都有些渊源，因此“八一建军节”对于他们是格外重要的节日。同时，也因为察隅县靠近边境，军民关系密切，因而对建军节格外重视。通过与他们一起喝酒聊天，彼此逐渐熟识，我也被接纳住进村子里。

下察隅镇上有很多藏式茶馆，但其实很少见到当地人在这里喝

茶，这些茶馆在白天往往关着，直到临近傍晚方才开张。茶馆里也不卖茶水，而是主营啤酒。这些店，与其说是茶馆，不如说是酒吧。天黑之后陆续有周边村子里的藏族民众和镇上打工的汉族人进入茶馆喝酒，外面商店中 80 元一箱的罐装啤酒，在茶馆中往往要卖到 150 元甚至 200 元。进入茶馆喝酒的人以男性为多，当然也时常能见到女性。三五个男人在茶馆喝酒时，老板娘或者专门陪酒的女孩子就会和顾客坐在一桌，与人们喝酒或者打牌玩游戏。陪酒的女性酒量都很好，每当有新客人进入，她们都要过去招呼，并陪着喝几轮酒。因此，时常能够看到她们在各酒桌之间往来应酬。有时遇到比较熟识的当地人，喝到兴致浓时，她们也会非常豪爽地买一件甚至一箱啤酒请客。专门陪酒的女性多是周围村庄的女孩子，有些其实是茶馆的老板或者经营者之一。镇上有一家当地人非常熟悉的酒吧，但人们通常称之为“奶茶店”，因为此前这个店经营奶茶生意，因为生意不佳而改为经营酒吧，但当地人还是习惯以“奶茶店”称呼。酒吧的老板是一对僜人姐妹，每当夜晚，酒吧里非常热闹，这里是周围年轻人夜晚最常去的休闲场所。

比茶馆或酒馆更热闹的是朗玛厅（藏语音译），其实就是藏式的歌舞厅。下察隅镇有一个朗玛厅位于饭店楼顶，外人很难发现。我在察隅县嘎堆嘎美村居住时，村里的夜晚没有什么娱乐活动，年轻人就会骑着摩托车下到镇上朗玛厅喝酒跳舞，我当然也被带着进去过多次。朗玛厅的空间比茶馆和酒吧宽敞很多，20：00 之后，朗玛厅里尽是喝酒的人，每张酒桌上都摆满了瓶装和罐装的啤酒，酒的种类以雪花啤酒和拉萨啤酒为主。因为人们互相之间大多都认识，因此遇到熟识的朋友就会坐下喝酒，有钱的话就买几件或整箱啤酒用以招待朋友，没有带钱也无关紧要，坐下喝酒即可。村里的年轻人经常没什么零花钱，一到了朗玛厅就在数个酒桌之间往来，每桌都能混到啤酒喝。有时为了还人情和展示慷慨品性，也不得不借钱买一箱啤酒应景。我跟随村里年轻人去朗玛厅时也经常看到村里附近村庄一些女性在朗玛厅喝酒，人们喝一阵酒就到前方舞台上围着跳锅庄。当地人的酒量很好，往往十多瓶啤酒下肚毫无反应，日常他们也常将啤酒作为解渴之物。我为了逃避喝酒，几瓶酒下肚身体不适时就去和人们一起跳锅庄，一方面是通过运动缓解酒意，另一方面则是充分感受和融入当地的社会生活。

朗玛厅跳舞的人们

有一次就遇到了尴尬的情景。我和村里的三个年轻人到朗玛厅喝酒，到零点的时候，其他两个人不知去哪里了，只剩下我和罗布次郎两人。原本打算返回村里，没想到在附近烧烤店遇到罗布次郎认识的僜人朋友在吃烧烤，于是被邀请一起吃。罗布次郎的僜人朋友是一个30多岁的妇女，还有这位妇女的侄女，侄女怀中还抱着襁褓中的婴儿。这位僜人妇女非常开放，话语中尽是各种挑逗的词语，把平时腼腆的罗布次郎调戏得面红耳赤。有趣的是，旁边抱着婴儿的侄女竟然也不以为意，并且时不时会参与调笑。吃完烧烤之后，罗布次郎和妇女约定一起去 KTV，看起来两人是有意一起过一晚的。进了 KTV 之后，那位妇女和罗布次郎就在言语间反复试探，直到妇女问罗布次郎有没有带钱，要 200 元买酒喝，罗布次郎自然是分文没有，还问我有没有带钱，我自然谎称没有，于是妇女丢下一句"没钱你玩个屁啊"，随后便摔门而去。因为已经半夜1：00 多了，我和罗布次郎就在 KTV 的沙发上睡了一夜。

现在想来，没有带钱反而避免了尴尬和危险的处境，正是因为和当地人多次共同经历类似的场景，我才逐渐融入他们的社会生活，也可以从当地人的视角充分理解他们的生活与文化。

互帮互助的林芝村落

安　宇

西藏自治区林芝市察隅县下察隅镇的农忙时节是颇为有趣的，那时我住在下察隅镇洞冲村一位单身护林员大叔家中。可能是因为长期一个人生活的缘故，大叔日常的饭菜都非常简单。反而是每当村里有人家需要帮忙掰苞谷时，我们就能享受到其他村民家里招待帮助者的丰盛饭菜。从 9 月份开始，陆续有村民需要帮忙。起初是大叔的侄女一家，两家因为门对门，因此日常往来比较紧密。侄女的老公是一个四川孙姓小伙子，从小就跟随父亲在察隅打工生活，因此既可以讲一口地道的四川方言，也能说一口流利的当地藏语。大叔颇有些瞧不上侄女的这位汉族老公，认为他年纪轻轻却好吃懒做，没有一份正经的营生，经常向别人借钱又还不上，还喜欢赌博，夫妻俩经常因为各种小矛盾而吵架，大叔认为都是四川小伙的问题。尽管如此说，侄女一家需要帮忙时大叔从不含糊。侄女一家的苞谷地就位于大叔房屋侧面临近村里玛尼康[①]的一片宽广田地中，其实村

① 藏族村社中民众进行日常宗教活动的地方。“玛尼”是藏传佛教六字真言“唵玛尼叭咪吽”的简称，“康”是藏语房子之意，“玛尼康”即念诵玛尼的地方。

里很多人家的苞谷地都在此处，从而连成一大片郁郁葱葱的田地。

值得一提的是，因为村里很多人家没有建造厕所的习惯，苞谷地就是人们日常上厕所的地方。我最初住进村里时，大叔随手一指苞谷地，说那里就是日常撒尿的地方，还提醒我进出时要把苞谷地门口的铁门系紧，别让牛和马跑进去把苞谷糟蹋了。有丰富野外经验的人应当知道，其实杂草比较茂盛的平坦地形是不利于上厕所的。因此，即使是在苞谷地里上厕所，也是需要认真查看地形的，既要寻找到一处较为隐秘不易被人发现的角落，也得有一定坡度，容易蹲立，最好是一块有坡度的大石最为方便。上厕所时偶尔会遇到进入苞谷地的村民，起初我觉得有些难为情，习惯之后便知道有人靠近时只需咳嗽几声，来人便不会再靠近了。苞谷生产期间要注意拴紧铁门，待苞谷被掰掉后，铁门就不锁了，放任牛马进苞谷地踩踏和吃食其中的秸秆。

2019 年 9 月一天的早晨，吃过早茶后众人带好背篓、镰刀、手套等物向苞谷地出发，大叔的侄女婿小孙则开了一辆三轮车前往田地。到了苞谷地里，每人身边放一个背篓，我们五个人三男两女沿着苞谷地开始掰苞谷。负责掰苞谷的人只管掰苞谷而不用管苞谷秆，大叔一个人则拿着一把镰刀在后方一点一点将苞谷秆砍倒。有时大叔砍累了，也会和我们一起掰苞谷，为了后续省事，我们就一边掰苞谷，一边将苞谷秆踩倒。掰下来的苞谷剥掉皮之后，随手将之扔在身旁的背篓里，等到背篓装满后就搬到三轮车旁边，并倒进车里。因此，我们掰着苞谷向前进，小孙也要把三轮车跟着向前开。9 月的下察隅依然非常炎热，在苞谷地里掰苞谷时，周围都被苞谷秆遮挡而不透风，人在其中不一会儿就被闷得浑身是汗。而且，为了防止掰苞谷过程中被苞谷叶割伤，我们每个人都穿着长袖衣服，戴着帽子，因此更显闷热。中午我们也不回去吃饭，就在附近找一处阴凉的地方，或坐或躺或卧在地上休息，侄女一家准备了一些零食、饮料、啤酒和甜酒，我们一边歇息一边喝些酒水。大概休息了半个多小时，又继续干活。一直到下午五六点钟，我们才把侄女一家的苞谷掰完。按照当地的习惯，主人家需要招待帮忙的客人饭菜。因此，晚饭就由侄女一家负责。由于太过疲累，小孙直接打电话从镇上饭店定了几个干锅。一起掰苞谷的六个人中，还有一对姐弟，来自村里另一户人家。今天大家帮助侄女一家掰苞谷，明天就轮到帮助他们家。大叔没有种苞谷，因此就不用别人帮忙。

在人们互相帮助的过程中会逐渐形成一种一个个互帮互助的小团体，团体内部成员之间遇到掰苞谷、剥苞谷、砍柴、盖房子等事情时会互相帮助。一定程度上，互助行为也是这个村庄社会对人进行道德评价的一项标准。我因为本着田野调查应该多参与当地人生产活动的原则，在9月份农忙期间经常帮助人们掰苞谷，因此时常有村民需要帮忙时会特意招呼我。当然主人家往往会用比较丰盛的饭菜招待客人，视家庭情况而定，较为富裕的人家有时会专门准备丰盛的猪肉宴招待帮忙的人。我可以毫无选择地尽量参与当地人的生产活动，大叔的帮助则是有选择性的。他只选择那些曾经帮助过他的人家，他的心里似乎有一个类似账本一样的东西，记录着谁去年帮他做过什么事情，他今年就需要帮助人家做工而还回去。因此，有一次村里有人喊我帮忙掰苞谷，我是乐意的，大叔则不愿意，因为去年（2018年）他家里有事需要帮忙时那户人家并没有来人。类似的情况也反映在大叔与他姐姐一家的相处中。大叔与姐姐家仅一墙之隔，姐姐60多岁，她的老公在前些年过世了，家里还有一对儿女，女儿25岁，刚大学毕业，儿子22岁，早早就已辍学。儿子是

一个比较懒散的人，去年大叔家里盖房子，姐姐家没有人过来帮忙，今年外甥说他们家要掰苞谷时，大叔就没有搭理。

无奈的是，由于我在大叔家住了较长时间且经常一起帮村里人干活，后来我被当地妇女调笑说“像是大叔的老婆一样”。

剥玉米和劳动后吃饭

郁郁葱葱的苞谷地

河边宿营：我们唱起歌来跳起舞

安 宇

2019年8月，西藏察隅县的天气非常炎热。这种天气下，当地的藏族人和僜人白天非常喜欢招呼和聚集一群朋友在河边钓鱼、烧烤与喝酒，通常人们把这种聚餐行为称为“耍坝子”。因此，河边一些被认为是空间开阔、距离河水较近、阴凉面积较大的地方，常常能看到当地人固定摆放在那里的烧烤架或是几块石头堆起来用以烧火的地方。一天下午，我在察隅县结识的大学毕业生白玛顿珠和退伍军人白玛从下察隅镇嘎堆嘎美村骑摩托车到我所居住的下察隅镇洞冲村，邀请我和他们一起去河边捕鱼。和我们一同前去的还有一位60多岁的老爷子，这位老爷子此前我已认识。他喜欢随手拿着一瓶廉价的10元左右的白酒，时不时喝上一口。我住的地方是白玛顿珠的父亲家，他平时一个人居住在洞冲村，家里有他经常使用的渔网和两三个钓竿。白玛顿珠和白玛来的时候一人带了一床被子，还有一床羊毛垫子，显然是准备钓鱼的时候顺便在河边露营。因为担心被子不够，想要在他父亲家再找一床被子拿上，可是找了半天并没有合适的，又担心被他父亲发现了要挨骂，所以最终放弃了。我们把装在蛇皮袋里的被子、渔具、锅碗、大米和调料等物放在摩托车上，由白玛顿珠和白玛每个摩托车带上一个人向河边行去。路过村边商店的时候，我们又在商店里买了一段渔网用的绳子和一件啤酒。

我们这次去的河边在洞冲村下方三四千米处，距离河边不远的地方有一处沙场，因此，附近一些地方被卡车压得非常平坦开阔，附近村子里的人都喜欢在这里钓鱼。到了河边第一件事就是把啤酒用石头压在河水中冰镇着。下察隅的这条河流是察隅河的上游支流，是从冰川上流下来的，因此河水即使是在夏天也非常冰冷。此前我和白玛顿珠、白玛还有另一个年轻人曾经在下察隅镇边上的一段河流处用渔网捕鱼，我们蹚着河水一处一处寻找有鱼存在的地方。我在河水里只停留三五分钟就已经承受不了，冰冷的河水冲刷着小腿，在小腿骨头上似乎能感觉到一种针刺般的疼痛。但是当地人却不受影响，甚至可以在这样冰冷的河水里畅快地游泳。所以人们习惯在河边钓鱼的时候都会带着啤酒，等待鱼上钩的间隙，把啤酒泡在河水中，如同放在冰箱里一样冰爽。

白玛先把三个鱼竿拿出来组装好，每个鱼竿上挂好鱼线和鱼钩，从河边的淤泥里深挖几下，找到几条蚯蚓，用指甲掐成几段，每个鱼钩上挂一截。然后他分别在河流的上、中、下方找了三处容易插鱼竿的地方。之所以说是插，因为他们通常钓鱼的时候是懒得用手拿着鱼竿端坐在河边长时间地静静等候鱼上钩的。相反，他们会选择一处自认为比较容易钓到鱼的地方，然后把鱼竿插在石头缝隙间，有时需要用石头或者树枝搭建一处适合插放鱼竿的地方。为了能让鱼线绷直，鱼线中部通常会绑一块适当的石头，待插放好鱼竿之后，就不用管了，只需偶尔看一下鱼竿是否颤动，注意有鱼咬钩就可以了，然后我们就需要准备铺设渔网。

因为渔网放在房子里一段时间没有用，已经完全结成一团了，要梳理齐整之后才可以放进河水里。所以我们把渔网一点一点张开拉长，完全张开的渔网有十多米长，摘去上面还残留的树枝、树叶、塑料等各种垃圾，用新买的绳子拴在渔网的两端，延长渔网的长度。在渔网上每隔一段距离就拴一块小石头，用来防止渔网在急流中打漂。渔网两端的绳子上也拴了两块石头，用来抛渔网。我们把渔网整理好用去了近一个小时，把众人都折腾得有些疲累方才完全整理好。于是我们把浸在河水中的啤酒拿出来，每人拿一罐，坐在石头上休息起来。老爷子则是拿出自己的白酒，拧开瓶盖喝了一大口，美其名曰“解解渴”。白玛和白玛顿珠也眼馋老爷子的白酒，硬是抢过来一人灌了一口才罢休，还不忘问我要不要来一口，我连忙拒绝。

每人喝了一罐啤酒之后就发现啤酒数量完全不够，于是我和白玛顿珠又骑车去路边的商店买了一整箱。待大家喝了几罐啤酒，抽了几支烟，在阴凉处休息一会儿之后，就该向河中铺渔网了。白玛把衣服脱了，从河流上方一处不太湍急的地方游到河中间一处裸露出河面的滩地上，然后白玛顿珠把绳子一侧拴有石头的渔网向对面扔去，结果因为绳子不够长，渔网落在河水中，白玛顿珠只得把渔网拽回来，重新接了一截更长的绳子，才把绳子扔到河对面。白玛找了一截粗大的树枝，把渔网上的绳子绑在上面，将树枝深深地插在沙地里。白玛顿珠也在这边把渔网拉近，把绳子紧紧拴在一处河边的树干上。然后，我们就只需要等待就可以了。

等待期间众人也饿了，于是白玛拿出携带的编织袋，把其中的锅碗、大米、盐、辣椒和一块猪肉都拿出来。没想到，白玛还带了

五六颗“琼玛”（藏语音译）。“琼玛”是一种当地常用的调料，圆形或椭圆形颗粒，绿色。煮汤时放入“琼玛”，会额外增加一种非常特殊的香味，初次品尝的人可能不习惯它的味道，习惯之后就能感受到它独特清新的香气。锅是一个破旧的高压锅，锅身多处呈现出坑坑洼洼的痕迹，是白玛他们在河边钓鱼时经常使用的，因此已经颇为破旧。从河里舀半锅水，水在锅里还是浑浊的。用三块石头在地上垒一个简单的灶，从附近草丛里捡拾一些枯树枝放入其中点燃，把锅架在上面就可以了。趁着煮饭的间隙，白玛把几个红辣椒穿在树枝上用火烤干，白玛顿珠则把那块不太大的猪肉穿在树枝上，也放在火旁烤着。因为水放多了，所以把米饭煮成了粥。等粥快煮熟的时候，白玛去看鱼竿和渔网上是否有捕到的鱼，结果鱼竿上空空如也，鱼没钓到，鱼饵却被吃掉了。拉起渔网一看，偌大的渔网上只有小鱼三四条。白玛不嫌弃，把鱼取下来，也不仔细处理，就用刀切成小段放进了粥里，然后把烤干的辣椒用手揉碎也放进去，辣椒上还带着烟灰，撒一点盐，把几颗“琼玛”都放进锅里。等粥煮熟之后，众人发现碗不够用，他们只带了一个木碗，于是让我拿木碗，一人拿碗盖，另一人拿锅盖，还有一人就用勺子舀着吃。虽然饭做得明显很随意，但是味道却也不错，尤其放了当地辣椒和琼玛的鱼汤，喝起来很鲜香。忙了一下午，我们也饿了，几人狼吞虎咽，没一会儿，半锅鱼汤就被我们吃完了。洗锅洗碗自然也很方便，放在河水里清洗几下就好。

这时已经接近傍晚，我们准备找一处适合的地方露营。最终我们在河流上方一处岸边寻找到一片合适的空地，似乎有人曾在此地宿营，有一些堆砌的石头和燃烧痕迹的木头。白玛让我和白玛顿珠从附近捡一些树枝过来，要带叶子的。他自己助跑几步敏捷地爬上一处山坡，用柴刀劈砍一些大叶树枝扔在路边。我们把所有各种树枝都放在河边空地上。突然，白玛在砍树枝的时候遇到一个马蜂窝，喊叫一声从山坡上跳了下来，所幸没有被马蜂蜇到。之后，白玛先用干树枝搭建一个三角形，逐渐增加树枝支撑，最上面用各种叶子盖上，一座小型的通常在人类学著作中的原住民部落才能见到的简易屋子就盖好了，我们四人躺进去挤在一起刚刚好。随后我们又把山坡旁各种干枯的粗树干搬来三四根放在房子不远处，待天黑之后就用火点燃。最初我还觉得那么粗的树干太多了，后来才发觉险些不够用。一切准备好后大家就坐在火边喝酒聊天，之后就挤在房子里睡觉。谁知当我们睡到半夜一两点钟的时候，原本晴朗的夜空开始阴沉下雨，起初雨水不大的时候，瞌睡的众人还可以忍耐着任凭雨水打湿头发而不在乎。但是随着雨水越来越大，树枝和树叶显然已经挡不住雨水了。我们所盖的被子和铺在地上的毡子完全被雨水淋透，众人再也无法忍受雨水淋着而睡觉。我们只能坐起来勉强在棚子下避雨，好在雨水并没有把火浇灭。雨下了一个多小时，虽不是特别大，但却把我们的被子和衣服全淋湿了。雨停了之后大家也睡不着了，淋湿后又有些冷意，于是四人围在篝火旁烤火聊天。有意思的是，白玛顿珠从老爷子怀里搜罗出一瓶新的白酒，还没有开过，于是我们每人喝几口暖暖身子。围着篝火总有些诗意的氛围，白玛平日非常喜欢唱歌，于是开始给我们唱歌。起初是仓央嘉措的情歌：

在那东山顶上/升起白白的月亮/年轻姑娘的面容/浮现在我的心上/年轻姑娘的面容/浮现在我的心上/啊依呀依呀拉呢/玛杰啊玛/啊依呀依呀拉呢/玛杰啊玛

他先用汉语唱一遍，又用藏语唱一遍，歌声映照着闪烁的火苗，给这个被雨水突袭的河边宿营增加了浪漫感。唱完一首仓央嘉措的歌，白玛显然还没尽兴，又开始唱海来阿木的歌曲《别知己》。那时我尚不知这位歌手的歌曲，只是听着歌词，觉得颇符合这个夜晚的氛围。

月亮冷冷地挂在天上/它也知道明天/将是一场离别/我们升起火堆/唱起歌儿/跳起舞来/趁着酒意诉说/这一生的悲与喜

月亮你别再柔情似水/我的朋友你别再多愁善感/昨天已经过去/所有的伤心和烦恼已离去/你要相信明天的天空/会更蔚蓝

唱到高兴之处，白玛也就在火边跳起了锅庄，随后白玛顿珠和老爷子也加入了跳锅庄的队伍，三人就围绕着篝火兴奋地跳着，还不时喊叫几声，叫喊声和歌声回荡在寂静的夜空里。我自然不会跳

河水两岸拉渔网

舞，就坐在篝火旁看着他们。

这个漫长而凄冷的夜晚就在燃烧的篝火与歌舞中慢慢度过。唯一遗憾的是，第二天天亮之后，我才发现自己的手机因为晚上雨水浸湿而开不了机，不得不在镇上寻找修手机的店铺。此外，我们把房东大叔的渔网也搞破了，回去之后正遇上大叔在家，被好一顿数落。但是几罐酒下肚之后，他又笑嘻嘻地开起了玩笑。

河边宿营

后记

列维·斯特劳斯走过赤道无风带，田野之行充满忧郁；保罗·拉比诺在跌宕起伏的遭遇中最后与他者结下特别的友谊；林耀华通过金翼之家看一个中国家族的变迁史；费孝通走过江村，描述了村落里的中国……继承有道，绵延赓续。未知又令人神往的田野，是民族学、人类学学习者的脚步和心灵必须要到达的远方。广袤的中国大地，有烟雨江南的清秀绮丽，也有塞外北方的恢弘大气，不同的区域，不同的文化，田野亦充满别样的意趣。我们的脚步一路向西，这里视野辽阔，山峦雄浑，黄土厚重，生活在这里的人们，承天地之宽而更显生命张力。高原上的牧羊人，在青草渐绿和雨雪纷飞中走过半生，辽阔的草原，随着年轮翻过一篇又一篇，黄河水奔涌而过，赋予这里的生命流水般的性格，隐忍又热烈。走进田野，文化不再是一个抽象的概念，而是具体的人，鲜活的事，特别的风习，别样的境遇。

本书主要呈现了冯雪红教授及北方民族大学民族学硕士生、博士生在甘肃、宁夏、青海、新疆、西藏调查时的田野故事。在学期间，除张梅梅、安宇之外，其他都是冯雪红门下学生。书中的照片均为作者在田野时现场拍摄，虽不够精美，却也有效补充了文字表达所欠缺的画面感。相比成熟的民族学、人类学学者在田野经历中的深刻思考，本书田野故事记录更多的是初学者进入田野时的经历和感受。离开书斋，走进田野，接受人类学的“成人礼”，学子们从长期校园生活所塑造的“秀气”到充满未知的田野逐步练就的“粗狂”，在实践中对学科精神有了更深入的理解，肤色被烈日晒黑了几分，生命的厚度也更平添了几分。书中的故事短小精悍却又妙趣横生，故事背后融入了精要的学术思考，在活泼与严肃之间尽显民族学、人类学的田野物趣与返璞归真。浩瀚戈壁、沙漠绿洲，千山之巅、万水之源、苍茫青藏，大漠孤烟、塞上江南，西部风情带给作者强烈的文化震撼，时空的转换、思维的碰撞、新奇的遭遇让初学者目不暇接，真实的记录和切身的感受，也让本书多了几分饱满和鲜活。

格尔茨在《文化的解释》一书中写道：“我以为所谓的文化就是这样一些由人自己编织的意义之网，因此，对文化的分析不是一种寻求规律的实验科学，而是一种探求意义的解释科学。”田野中的每一天，我们都在体验、思考和追问中度过。乡土社会中的交往逻辑、不同文化传统下的礼俗秩序、像水波纹一样散开的亲属关系以及迅猛的时代浪潮对个体的冲击，一切的变与不变，都亟需被观察、被记录。老屋所承载的家族变迁令讲述的老人激动不已，人口迁移所造成的适应问题仍在继续，一代人成长，一代人老去，厚实的土地一如既往地养育着生活在每片土地上的人群，用民族志研究方法捕捉每一个细小的瞬间，也许本身就充满意义。惟愿本书能为新生的学界同仁进入田野提供可资借鉴的经验，山长水阔，我们通过一个个短小的故事与读者相见，也希冀与故事的主人公产生些许共情，这不失为本书写作的又一意义。

田野西行，是艰难的跋涉，是新鲜的体验，是成长，是遇见，流年笑掷，未来可期。

本书付梓之际，由衷感谢一路走来帮助过我们的人，尤其要感谢田野中那些淳朴又善良的生命，他们不计得失的帮助让我们一次又一次柳暗花明，在参与观察和交流互动中，他们深刻的人生智慧和朴素的幸福哲学更是激励我们一路前行。最后，衷心感谢中国社会科学出版社责任编辑马明和校对、质检人员的辛勤付出和严谨把关，使得本书顺利出版。

作者简介：

冯雪红　1968年出生，女，宁夏中宁县人，教授，民族学博士、博导，《北方民族大学学报》编辑部主任、执行主编

张　欣　1991年出生，女，宁夏海原县人，北方民族大学2019级民族学博士

郑佳琪　1996年出生，女，汉族，黑龙江依安县人，北方民族大学2019级民族学硕士

张文文　1995年出生，女，四川射洪市人，北方民族大学2018级民族学硕士、2021级民族学博士

张梅梅　1994年出生，女，山西长子县人，北方民族大学2015级民族学硕士，中央民族大学2018级民族学博士

向锦程　1990年出生，男，土家族，湖南永顺县人，北方民族大学2014级民族学硕士

张梦尧　1993年出生，男，湖北十堰市人，北方民族大学2016级民族学硕士，云南大学2019级中国少数民族经济博士

嘉华杰　1994年出生，男，藏族，甘肃兰州市人，北方民族大

学2017级民族学硕士

阿　鑫　1998年出生，女，锡伯族，新疆察布查尔锡伯自治县人，北方民族大学2020级民族学硕士

安　宇　1988年出生，男，山西阳泉市人，北方民族大学2013级民族学硕士，兰州大学2016级民族学博士

冯雪红

2022年11月30日写于银川